股权激励
创新效应研究
基于投入-产出视角

林德林 ◎ 著

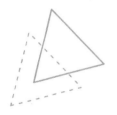
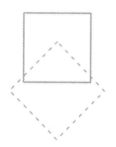
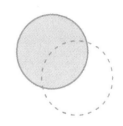

RESEARCH ON
THE INNOVATION EFFECT OF
EQUITY INCENTIVES

Based on the Perspectives of Input-Output

中国财经出版传媒集团
经济科学出版社
Economic Science Press

图书在版编目（CIP）数据

股权激励创新效应研究：基于投入－产出视角/林
德林著. －－北京：经济科学出版社，2022.11
ISBN 978 – 7 – 5218 – 4367 – 5

Ⅰ.①股⋯ Ⅱ.①林⋯ Ⅲ.①企业管理－股权激励－
研究 Ⅳ.①F272.923

中国版本图书馆 CIP 数据核字（2022）第 222973 号

责任编辑：王　娟　徐汇宽
责任校对：杨　海
责任印制：张佳裕

股权激励创新效应研究
——基于投入－产出视角
林德林　著

经济科学出版社出版、发行　新华书店经销
社址：北京市海淀区阜成路甲 28 号　邮编：100142
总编部电话：010 – 88191217　发行部电话：010 – 88191522
网址：www. esp. com. cn
电子邮箱：esp@ esp. com. cn
天猫网店：经济科学出版社旗舰店
网址：http: //jjkxcbs. tmall. com
北京季蜂印刷有限公司印装
710 × 1000　16 开　12.5 印张　200000 字
2022 年 11 月第 1 版　2022 年 11 月第 1 次印刷
ISBN 978 – 7 – 5218 – 4367 – 5　定价：58.00 元
（图书出现印装问题，本社负责调换。电话：010 – 88191510）
（版权所有　侵权必究　打击盗版　举报热线：010 – 88191661
QQ：2242791300　营销中心电话：010 – 88191537
电子邮箱：dbts@ esp. com. cn）

前　言

作为国家创新驱动发展战略的实施载体，企业的创新意愿对提升我国整体创新水平至关重要。然而，现代企业制度下普遍存在的代理冲突和管理层决策短视等问题在一定程度上抑制了企业创新的积极性，构建有效的激励约束机制成为解决这一问题的关键。近年来，股权激励作为现代企业制度下缓解企业代理问题的有效手段，在强化企业内部激励方面发挥了重要作用。在这一背景下，股权激励对企业创新活动的治理效应研究成为公司治理领域的重要课题。当前已有研究主要考察了股权激励对企业内部创新投入的影响，但并未就二者关系达成共识。另外，在"创新驱动发展战略"和"供给侧结构性改革"等战略的共同推动下，越来越多的企业突破创新边界约束，选择技术并购等外部创新投入方式快速提升自身创新水平。因此，股权激励对技术并购这种外部创新投入是否存在有效的治理作用是应当重点关注的研究问题，但鲜有学者基于中国情景对这一问题展开研究。创新产出是企业创新活动的最终落脚点，因而研究股权激励对企业创新活动的影响，最终还是要落脚于企业创新绩效。但已有研究更多关注了管理层股权激励对企业创新绩效的影响，关于在创新过程中发挥重要作用的核心员工的股权激励问题还需深入研究，管理层与员工股权激励问题的相关研究仍处于割裂状态，将二者置于统一框架下的研究还不多见；另外，有关股权激励影响创新绩效的作用路径的"黑箱"也尚未完全打开。随着企业外部市场竞争的加剧，上述研究问题亟待现实的调查与理论上的回答。

从以上问题出发，本书集成创新理论、委托代理理论、人力资本理论、企业激励理论、风险承担理论以及高阶梯队理论等经典理论，将从投入和产出两个维度来全面考察股权激励对企业创新活动的影响。本书借助门槛回归、多元 Logit 选择模型、面板 Tobit 回归、中介效应与调节效应模型等多种实证方法对相关问题展开研究。研究工作主要从三个方面展开，主要内容与结论如下。

第一，从内部创新的视角，考察了股权激励对企业内部 R&D 投入的影响。首先，从整体视角证实了股权激励与企业内部 R&D 投入的倒"U"型关系；其次，从股权激励治理效应的影响因素视角实证检验了股权激励与内部 R&D 投入之间的门槛效应。结果表明，股权激励对内部 R&D 投入的影响存在受限于企业规模、财务资源冗余以及股权集中度等变量的门槛效应，进一步证实了二者的非线性关系。

第二，从外部创新的视角，分析了股权激励对企业技术并购的影响。本书分析了股权激励对技术并购等外部创新投资方式选择的影响。研究发现，在股权激励作用下，相比于内部 R&D 投入方式，企业更倾向于进行外部技术并购；但考虑到技术并购与内部 R&D 投入的共存关系，企业更可能同时进行技术并购与 R&D 投入而非单一的技术并购活动。此外，基于并购整合视角，实证检验股权激励对企业技术并购规模的影响。研究结果发现，股权激励与技术并购规模显著正相关，并购前的 R&D 投入对二者关系具有显著调节作用。

第三，从创新产出的视角，考察了股权激励对企业创新绩效的影响以及作用路径。本书一是从整体上证实了股权激励对企业创新绩效的正向影响；二是从激励对象视角讨论并证实了管理层股权激励和核心员工股权激励对企业创新绩效的提升作用，并发现核心员工股权激励的提升作用更好；三是证实了内部 R&D 投入在管理层股权激励和核心员工股权激励提升企业创新绩效过程中的不同作用，揭开了股权激励影响创新绩效的作用路径"黑箱"，并进一步发现了股权激励影响创新绩效的路径依赖性。

本书的创新点主要体现在以下四个方面。

第一，从创新投入和创新产出两个过程深入剖析股权激励对企业创新活动的影响，深化了股权激励创新效应的研究内容，从更加全面和完整的视角揭示了股权激励对企业创新活动的影响机理。

第二，考察了股权激励对 R&D 投入的门槛效应，在理论基础上从新的研究范式视角拓展了原有的股权激励与 R&D 投入的研究内容，从外部约束视角补充了股权激励对 R&D 投入的非线性影响的经验证据，拟推动二者争议性关系的解决。

第三，考察了中国情境下股权激励与技术并购的影响，将国内已有的股权激励与企业创新投入的研究视角从企业创新边界的内部拓展到了外部，丰富了现有文献。

第四，沿着股东—管理层—员工这一委托代理链条，将股权激励对企业创新绩效影响的研究范围从创新战略的决策层延伸到了执行层，并通过探讨 R&D 投入分别在管理层股权激励和核心员工股权激励与创新绩效之间的不同作用，证实了股权激励对创新绩效影响的路径依赖，从一定程度上丰富了已有研究内容。

目　　录

第1章 绪 论

1.1 研究背景

创新是推动人类社会不断发展的核心驱动力，也是一个国家和民族进步的灵魂。面对全球新一轮科技革命与产业变革的重大机遇和挑战，无论是技术与经济处于高度领先的发达国家，还是正在快速崛起的新兴国家，都纷纷将技术创新定位于国家战略的核心地位，不断致力于国家创新能力的保持和提升。因此，创新已经成为一个国家提升国际竞争力的重要战略选择。

为了快速提升国家创新竞争实力，加速实现"两个一百年"奋斗目标的历史任务和要求，"十三五"期间，我国明确了创新发展在国家发展全局发展战略中的核心地位，全面落实创新驱动发展战略。2018 年《政府工作报告》明确指出，我国将继续深入推进创新驱动发展战略，不断致力于国家创新体系建设，全面增强国家整体创新力和竞争力，牢牢把握世界新一轮的科技革命和产业变革机遇。2019 年《政府工作报告》则进一步明确了坚持创新引领发展，培育壮大新动能的经济发展路径。以上战略部署凸显了创新对实体经济复苏以及经济结构转型升级的重要作用。2020 年《政府工作报告》指出，要把握新一轮产业变革趋势，深入实施创新驱动发展战略，不断增强经济创新力和竞争力。"十四五"规划纲要指出"十四五"时期要坚持创新驱动发展，全面塑造发展新优势，深入实施科教兴国战略，完善国家创新体系。2018 年以来，我国全力推进供给侧结构性改革，坚持创新驱动发展，持续弥补创新短板，成就斐然。数据显示，2012～2022年，我国已成功进入创新国家行列，全社会研发投入从最初的1.03万亿元增长至2.79万亿元，研发强度增长至2.44%，在北斗导航、量子通信、探月工程、人工智能等诸多科技领域实现了重大突破。根据世界知识产权组织与康奈尔大学联合发布的2021年全球创新指数排行榜，中国跻身全球创新指数20强，排名已跃至全球第12位，成为国际前沿创新的重要参与者。2022年世界知识产权组织（WIPO）最新报告显示，2021年中国申请人提交的国家专利申请高达6.95万件，连续三年稳居申请量排行榜首位。尽管我国创新实力不断增强，但与发达国家相比仍然存在一定差距。虽然根据香港中外城市竞争力研究院等机构联合发布的"2021全球（国家）竞争力排行榜"，中国的全球国家竞争力力压日本位居第二，但明显落后于美国。此外，2018年中美贸易摩擦发生以来，高科技产业领域成为美国加征关税的重点行业，这从侧面反映了全球科技和知识产权竞争的惨烈，当前我国在关键核心技术领域的话语权还需提升。综上所述，面对动荡的外部环境与激烈的竞争压力，加大弥补创新短板的力度，着力培育新知识和关键核心技术是确保国家在未来国际竞争舞台上占据有利地位的必然选择。

企业是推动国家经济技术进步的重要力量，也是实现国家创新驱动发展的重要载体。因此，企业能否立足创新，掌握产品核心技术，不仅决定了企业的未来，更决定了中国经济的未来。在当前我国全面落实创新驱动发展战略和持续推进"供给侧"结构性改革的战略背景下，越来越多的企业将创新作为提升其国内外市场竞争力的重要着力点，不断加大创新投入，一批具有较强创新能力的高新技术企业开始崭露头角。比如，据2022年世界知识产权组织的相关统计，2021年共有13家中国企业进入全球PCT国际专利申请人排行榜前50，其中华为集团以6952件申请连续五年位居榜首，大疆、腾讯、字节跳动等国内科技企业也进入了全球前50。然而从创新产出来看，与西方发达国家相比，我国企业的创新产出水平依然存在较大差距。统计表明，2021年我国高新技术企业专利申请数量中，有效发明专利占授权总量的比重为63.6%。相比之下，早在2014年和2015

年，美国授权的发明专利占全部授权专利的比重就超过了 90%；日本的授权发明专利占全部授权专利的比重也已达到了 85% 以上。

根据中国企业家调查系统发布的《改革开放 40 年：企业家成为推动社会进步的重要力量——2018·中国企业家队伍成长与发展调查综合报告》显示，2018 年我国企业已迈入创新活跃期，然而，2018 年以来，尤其是随着新冠肺炎疫情的暴发，各企业间在创新投入的体制、规模以及发展阶段等方面的差距不断扩大，部分企业创新动力依然不足。调查显示，提高企业创新动力的根本在于改变企业决策层创新行为的短期导向。因此，不断深化创新制度改革，塑造创新文化，引导管理层长期创新行为成为企业解决上述问题的关键。在这一背景下，探究我国企业如何通过深入推进创新体制机制改革，实现企业创新制度环境的优化以及创新活力的提升具有重大的现实意义。

1.2 研 究 问 题

科技创新实际上是人的创造性活动。因此，人才是企业创新能力形成的核心要素，其所具有的技术和智力资源是企业实现重大技术突破的关键生产要素。因此，如何有效激励创新人才，提升其创新积极性已成为企业全面落实国家创新战略的首要问题[80]。根据 2015 年《中共中央 国务院关于深化体制机制改革加快实施创新驱动发展战略的若干意见》中的相关战略部署，为了加快实施创新驱动发展战略，要进一步完善以企业为主体的产业技术创新机制，鼓励各企业通过股权、期权等激励方式，调动企业管理者及一线科研人员的创新积极性。

自 2006 年《上市公司股权激励管理办法（试行）》正式实施以来，股权激励逐渐得到各行业企业的广泛认可和青睐，成为上市公司重要的激励约束机制，其在强化企业内部激励，优化公司治理环境中发挥着重要作用。尤其是，股权激励在激励管理人员和创新技术人才方面具有其他激励机制不可替代的作用，对企业实现微观层面资源配置的优化具有显著推动作用[56]。但目前国内外学者对股权激励的相关研究更多聚焦于股权激励对企业财务、市场业绩的影响等方面,有关股权激励对企业创新活动影响的研究尚待深入。根据制度创新理论,制度创新是促进企业技术创新价值转换的重要保障,因此,构建有效的激励约束机制是激发企业创新动力的一种制度创新。对此,本书从创新投入—产出视角出发,结合我国企业创新发展的现状,探究股权激励对企业创新活动的影响机制,以期推动企业创新体制机制改革的不断深入,为解决当前我国企业创新动力不足的制度困境,提高我国企业整体创新积极性,确保国家创新驱动发展战略的全面贯彻落实提供科学有效的理论依据和经验借鉴。本书重点解决以下几个问题。

第一,股权激励与企业内部 R&D 投入究竟存在何种关系。内部 R&D 投入既是企业创新能力形成的重要源泉,也是企业重要的风险性战略投资行为。随着股权激励对企业风险投资激励效应研究的深入,股权激励对企业 R&D 投入的影响引起了众多学者的关注,成为当前公司治理领域研究的热点问题之一。目前学术界有关股权激励对 R&D 投入的影响研究主要基于"利益趋同"假说和"管理层防御"假说展开。前者认为股权激励对 R&D 投入具有线性影响,但影响方向并不确定[50,67];而后者则认为股权激励与 R&D 投入之间是一种非线性关系,即二者呈现显著的倒 U 型关系[67]。由此可见,当前学术界关于股权激励与 R&D 投入关系的研究并未达成共识,多样化的研究结果恰恰反映出二者之间并非简单的线性关系,然而已有研究对二者非线性关系的讨论还尚不充分。委托代理理论和风险承担理论的学者指出股权激励会因为企业规模[152]、财务资源冗余[98]、以及股权集中度[222]等企业风险承担能力和代理问题的影响因素的存在表现出不同治理效应。但这些影响因素对股权激励与 R&D 投入关系可能存在的影响并未在已有研究中得到充分讨论。对此,本书利用上市公司面板数据,以企业规模、财务资源冗余以及股权集中度为门槛变量,来检验股权激励对企业 R&D 投入的门槛效应,为中国情境下的股权激励与 R&D 投入关系研究提供新的视角和思路。

第二,股权激励对技术并购这一企业创新边界外部的创新投资方式是否存在影响。相关研究表明，外部技术并购成为企业内部 R&D 投入之外的另一个重要创新战略[8]。随着我国创新驱动发展战略的实施以及"供给侧"改革的不断深入，越来越多的企业突破创新边界的约束，基于技术并购等外部创新方式实现企业整体创新能力的快速提升[127]，技术并购因而成为企业一种重要的外部 R&D 投资方式，并且与内部自主研发相比，其具有完全不同的风险特征[132]。尽管部分学者初步探讨了股权激励对企业并购活动的影响[74,130]，但有关股权激励如何影响技术并购的理论却仍然没有得到发展。本书将基于中国上市公司并购数据，首先在理论上分析股权激励对技术并购决策和规模的影响，并采用多项 Logit 选择模型和面板 Tobit 模型进行实证分析。这一研究工作揭示了股权激励对技术并购等外部创新投资方式的治理效应。

第三，不同激励对象视角下，股权激励对企业创新绩效的影响如何。无论企业采取何种创新投入方式，获取创新绩效是其最终目的所在。因此，股权激励对于企业创新活动的影响，最终还是需要通过其对创新绩效的提升作用体现出来。从创新过程而言，企业创新活动的实现不仅依赖于管理层的相关决策，也离不开核心技术员工的贯彻和执行。然而，已有研究主要侧重于考察管理层股权激励对企业创新绩效的影响，忽略了在企业创新活动中承担重要角色的核心员工的作用，因而对核心员工股权激励与企业创新绩效关联性的研究尚不充分。另外，从已有研究来看，国内外学者主要基于多种实证方法考察了股权激励对创新绩效的直接影响[50,190]，对其实现路径的研究也没有给予足够的关注。针对上述研究不足，本书从以下两个方面进行了丰富和拓展：首先，将核心员工纳入股权激励与创新绩效关系的研究框架中，从管理层与核心员工两个层面拓展了股权激励对创新绩效影响的研究视角；其次，沿着"激励—行为—后果"的研究逻辑，本书讨论了中国情境下的 R&D 投入在管理层股权激励和核心员工股权激励提升创新绩效过程中的不同作用，揭示了股权激励提升企业创新绩效的作用路径，并通过分组检验揭示了股权激励对创新绩效影响的路径依赖。本书丰富和完善了股权激励对企业创新产出的激励有效性的研究内容。

1.3 研 究 意 义

本书从投入和产出的视角，通过理论联系实际，系统、全面地考察了股权激励对企业创新的影响效应。本书包括三个主要研究目标：第一，从企业内部创新投入视角，以中国上市公司为样本，实证检验中国情境下股权激励对企业内部 R&D 投入的影响关系；第二，从企业外部创新投入视角，实证检验股权激励对企业技术并购的影响，分析股权激励对企业外部创新投入行为的治理效应；第三，从创新产出视角实证检验股权激励对企业创新绩效的影响及作用路径。在我国特殊的市场环境和制度背景下，以上研究目标的实现具有一定的理论指导意义和现实借鉴意义。

1.3.1 理论意义

本书的理论意义主要体现在以下五个方面。

（1）从投入—产出视角研究股权激励对企业创新活动的影响，拟拓展股权激励对企业创新激励有效性研究的广度和深度。目前国内外关于股权激励对企业创新活动影响的研究主要沿着"激励—行为"或"激励—后果"的研究思路从单一维度展开。然而，从企业创新过程而言，企业创新能力的提升不仅表现在创新投入方面，也体现于最终的创新绩效方面。创新投入衡量了企业创新过程中的资源投入水平[201]，而创新绩效则反映了企业创新投入的转化效率[212]。因此，仅从创新投入和创新绩效中的一个维度衡量股权激励的创新效应并不全面。基于此，本书在借鉴国内外研究的基础上，基于中国特殊的制度背景，沿着激励—行为—后果的逻辑思路，从创新投入和产出两个维度系统地论证了股权激励对企业创新活动的全面影响，即同时探讨了股权激励对企业创新的"量"和"质"的影响，使得股权激励对企业创新激励有效性问题的研究更加全面和稳健。

（2）从股权激励治理效应的影响因素层面考察股权激励与 R&D 投入之间的结构性变化关系，丰富和补充了股权激励与 R&D 投入的相关性研究。已有文献主要从"利益趋同假说"和"管理层防御假说"两个视角探讨了股权激励对 R&D 投入的影响，比如吴和涂（Wu & Tu，2007）以及谭洪涛（2016）等国内外学者基于利益趋同假说证实了股权激励与 R&D 投入的线性关系[50,241]；而本斯（Bens，2002）和徐宁（2013）等学者则基于管理层防御假说证实了股权激励对 R&D 投入的非线性影响[67,109]。上述股权激励与 R&D 投入关联性的相关研究主要基于股权激励对企业代理问题和管理层风险承担能力的治理效应展开。事实上，企业创新投入决策还受到企业资产规模、资源水平以及股权结构等因素的影响。此外，这些因素对企业风险承担能力和代理问题也具有显著影响。因此，这些因素的存在将使得股权激励与 R&D 投入的关系可能呈现出一定的结构性变化，但这一问题并未在已有研究中得到充分讨论。对此，本书聚焦于股权激励相关效应的影响因素层面，把影响企业风险承担能力的企业规模、财务资源冗余以及影响企业代理问题的股权集中度等变量纳入分析框架中，以其为门槛变量，探讨其对股权激励与 R&D 投入关系的约束效应，为股权激励与内部 R&D 投入的影响关系提供新的理论视角和经验证据，补充和丰富相关文献。

（3）从外部创新视角考察股权激励对技术并购的影响，拓宽了股权激励与企业创新投入关系的研究视角。以往关于股权激励对企业创新投入影响的研究主要集中在企业内部 R&D 投入方面，鲜有学者关注股权激励对企业外部创新活动的影响。特别是，近年来随着我国并购市场的活跃，技术并购逐渐成为企业首要的外部创新投入方式[51,203]，这种突破企业创新边界的外部创新活动推动了企业创新治理机制研究的发展。本书基于外部创新的视角对股权激励与技术并购的关系进行检验，通过论证股权激励对技术并购的治理作用，将股权激励与企业创新投入关系的研究视角从企业内部创新拓展到了外部创新，从而丰富了企业创新激励有效性的理论研究。

（4）从激励对象视角探讨股权激励对企业创新绩效的影响，深化了股权激励在创新领域的研究内容。目前国内外关于股权激励的相关研究主要集中在企业高管层面，其基于大量实证方法考察了对处于企业创新战略决策层的管理层进行股权激励对企业创新绩效的影响。事实上，企业创新绩效的实现除了受到创新方式选择以及创新资源配置等因素的影响外，还取决于创新战略的执行与实施情况。因此，创新活动中的核心技术员工作为企业创新战略的具体执行者，其工作状态对企业创新执行和创新产出会产生直接影响。但管理层股权激励与员工股权激励在改善企业创新绩效上哪个更有效，既有研究没有给予足够的关注，换言之，管理层与员工的股权激励对企业创新绩效的影响研究一直处于割裂状态。本书尝试将管理层股权激励与核心员工股权激励纳入统一的分析框架中展开讨论。一方面以核心员工股权激励为前因变量，考察了其与企业创新绩效的关联性；另一方面对员工与管理层股权激励对企业创新绩效的影响效果进行了比较。本书将企业层面的委托代理问题延伸到了员工层面，深化了创新领域内的股权激励治理效应的研究内容，补充并丰富了股权激励的创新绩效激励有效性研究的经验证据。

（5）通过挖掘股权激励与企业创新绩效之间的传导机制，丰富了股权激励对企业创新绩效的作用路径的理论研究。本书一方面以内部 R&D 投入为研究视角，通过考察 R&D 投入在管理层股权激励与企业创新绩效过程之间的中介作用及其在核心员工股权激励与创新绩效之间的调节作用，深入剖析了股权激励影响企业创新绩效的具体实现途径；另一方面考虑到不同创新投入方式的异质性，进一步比较了不同创新投入方式下的股权激励对创新绩效的影响效果，证实了股权激励影响企业创新绩效的路径依赖，挖掘了股权激励与创新绩效之间的传导机制，丰富了股权激励对企业创新绩效作用路径的理论研究。

1.3.2　现实意义

创新是企业提升市场竞争力的重要途径，也是事关国家长久发展的重要企业活动。因此，构建有效的长期激励机制，强化对企业创新行为的激励，对有效改善企业创新动力不足进而提升企业创新能力，加快贯彻落实国家创新驱动发展战略具有重要作用。因此，本书从投入—产出视角探究股权激励与企业内、外部创新投入及创新产出的影响关系具有一定的现实意义。

（1）帮助企业更好地理解股权激励对创新活动的作用机理，为其构建创新激励机制提供经验支持。本书通过系统全面地考察股权激励对企业创新活动的影响效果及实现方式，能够使企业管理者更加深刻地认识和理解股权激励的创新治理效应，对企业构建有效的创新激励和约束机制具有一定的启发意义。尽管自 2006 年股权分置改革以来，我国股权激励制度不断发展，但其在推动企业创新投资等长期战略投资活动的过程中，还需要结合我国企业的实际情况进行不断升级和完善。本书立足我国特殊的制度背景，结合我国企业创新活动的现状，从制度层面和行为层面系统地分析了股权激励对企业 R&D 投入及其创新产出的影响机制，一方面全面考察了股权激励制度在我国资本市场的治理效应；另一方面为企业通过股权激励机制设计实现对创新活动中各种风险和代理冲突的治理，抑制管理层自利和风险规避等行为对企业创新的负面影响提供了理论指导。

（2）为企业提升对外部创新活动治理问题的重视，实现内外部创新活动协同效应提供理论依据和方向指导。本书通过考察股权激励对技术并购活动的影响，有利于引导企业进一步重视和加强对非理性技术并购行为的治理，为其通过完善企业内部治理机制提升对外部技术知识的吸收能力，实现内部 R&D 投入与技术并购的价值创造协同效应提供了有益的参考和理论依据。

（3）为企业实现科学的股权激励方式选择和股权激励方案设计指明了行动方向。本书有关股权激励对企业创新绩效的提升效果及其作用路径的实证结论，为企业实现科学的股权激励方式选择及股权激励方案内容的设计和完善提供了有益的指导。研究证实，管理层股权激励与核心员工股权激励对企业创新绩效的影响效果显著不同；内部 R&D 投入在管理层和核心员工股权激励改善创新绩效过程中扮演了完全不同的角色，而且股权激励的企业创新绩效提升效应存在显著的路径依赖性，这些发现为企业完善股权激励机制设计提供了针对性的切入点，有利于企业根据自身特征选择合适的股权激励方案。

1.4　核心概念界定

1.4.1　股权激励

中国证券监督管理委员会在 2016 年颁布的《上市公司股权激励管理办法》中对股权激励相关概念进行了界定。该办法指出股权激励是上市公司为了实现对高级管理人员及其员工的长期激励，而授予其一定比例的公司股票的激励性措施。具体而言，股权激励实际上是企业通过授予激励对象定量的股权，给予其一定的企业决策权以及剩余价值的索取权，从而激励其基于公司长期价值创造而发挥自身全部潜能的一种激励机制。

《上市公司股权激励管理办法》将股权激励的种类划分为了股票期权、限制性股票以及法律、行政法规允许的其他方式等种类。其中，股票期权和限制性股票是当前我国上市公司中适用最广泛的股权激励方式，极少数企业采用了股票增值权的激励方式。根据 2021 年国泰安数据（CSMAR）沪深 A 股中实施股权激励的相关数据统计，我国上市公司中实施股票期权的上市公司数量比重为 29%，实施限制性股票的上市公司数量则达到了 71%。具体有关股票期权、限制性股票的相关定义如表 1 - 1 所示。

部分研究根据激励对象的不同将股权激励模式划分为管理层股权激励和员工股权激励两大类，如陈艳艳（2015）从管理层和核心员工两个视角探究了股权激励的相关经济效应，其将以企业高管为主要激励对象的股权激励方式定义为管理层股权激励，将公司高管以外的中级管理人员、优秀

表 1 – 1 股权激励模式的分类及定义①

股权激励模式	定义
股票期权	上市公司给与激励对象在未来规定期限内按照事先规定的购买条件购买本公司既定数量股票的权利。特别需要指出的是，股权激励所获得的股票期权不得转让、用于担保或者偿还债务
限制性股票	根据事先规定的条件，激励对象获得的转让或出售具有有限股票权益的本公司股票。该类型股票禁止在解除限售前进行转让、担保或者偿还债务

资料来源：《上市公司股权激励管理办法》。

员工与其他普通员工等的股权激励定义为员工股权激励[14]。2016 年颁布实施的《上市公司股权激励管理办法》从官方角度对股权激励的授予对象进行了明确界定，股权激励对象包括上市公司的董事、高级管理人员、核心技术人员或者核心业务人员以及那些被公司认为对其经营业绩和未来发展有直接影响的其他员工，但不应包括独立董事和监事。

基于股权激励的上述定义及分类，本书在股权激励创新效应问题的实证分析过程中，将定位于股票期权和限制性股票为主的股权激励方式。根据激励对象的不同，在研究股权激励对企业 R&D 投入和技术并购的影响关系中主要关注管理层股权激励的治理作用，而在分析股权激励对创新绩效的影响时，则关注管理层股权激励和核心员工股权激励这两种股权激励方式的治理作用。

1.4.2　管理层与核心员工

企业创新过程中管理层作为企业决策群体，负责 R&D 投入决策的制

---

① 《上市公司股权激励管理办法》对股票期权和限制性股票的行权价格进行了明确规定，其中第二十九条对股票期权的行权价格作出如下规定：上市公司在授予激励对象股票期权时，应当确定行权价格或者行权价格的确定方法。行权价格不得低于股票票面金额，且原则上不得低于股权激励计划草案公布前 1 个交易日的公司股票交易均价，或股权激励计划草案公布前 20 个交易日、60 个交易日或者 120 个交易日的公司股票交易均价之一这两种情况的价格较高者。而对于限制性股票的授予价格则规定"授予价格不得低于股票票面金额，且原则上不得低于下列价格较高者：（一）股权激励计划草案公布前 1 个交易日的公司股票交易均价的 50%；（二）股权激励计划草案公布前 20 个交易日、60 个交易日或者 120 个交易日的公司股票交易均价之一的 50%。"

定和实施。因此，本书在股权激励对企业创新投入的影响关系分析中，主要的研究对象为管理层股权激励。根据 2016 年颁布的《上市公司股权激励管理办法》中的相关界定，本书中的管理层主要包括上市公司的董事、监事、总经理、财务负责人、董事会秘书等管理人员。

在探究股权激励对于企业创新绩效的影响时，考虑到核心员工在企业创新过程中的重要作用，本书将核心员工股权激励单独作为一个重要变量，讨论其对企业创新绩效的重要影响。为此，需要首先明确核心员工的范围。根据《上市公司股权激励管理办法》中的相关定义，结合我国股权激励的实际，本书将除了上文界定的管理层成员之外的股权激励对象定义为核心员工。

1.4.3　R&D 活动与 R&D 投入

1.4.3.1　R&D 活动

R&D 是研究与开发的（Research and Development）的缩写，经济合作与发展组织（OECD）将 R&D 定义为在系统研究的基础上从事的创造性工作。联合国教科文组织（UNESCO）也对 R&D 进行了界定，指出 R&D 是指企业等组织在科学研究领域，通过创造性和系统性的活动来增加知识并利用相关知识实现新应用的过程，主要包括基础研究、应用研究和试验发展三类 R&D 活动。基础研究是指为了获取关于某些现象以及可观察的某些事实的基本原理而进行的实验性或理论性研究，以科学论文和科学著作为主要体现形式。应用研究则是为了获得新知识进行的创造性工作，其中具体以发明专利为主要形式。试验发展即试验开发，是综合利用基础研究和应用研究所获得的知识，为产生新产品、材料和装置，建立新的工艺和服务而进行的系统性工作，具体表现为专利、专有技术等。

对企业而言，其研发活动主要对应联合国教科文组织所定义的"试验发展"，企业将相关研究成果投入生产，以实现企业长期发展，因此其研发活动是建立在基础研究上的企业行为。我国会计准则将企业研发活动分为了研究阶段的研发活动和开发阶段的研发活动。研究阶段的研发活动存在较大不确定性，开发阶段的研发活动则是建立在研究活动基础上进行的，其不确定性较小，是企业无形资产的重要来源。本书关注的内部R&D活动主要是指企业内部进行的研究阶段的研发活动，而技术并购则是企业通过外部兼并或收购，并实现内部消化吸收的一种开发阶段的研发活动。

1.4.3.2 R&D 投入

R&D投入是企业创新研发过程中所发生的相关费用支出，主要包括直接研发费用和间接研发费用。根据我国会计准则中对于企业研发支出费用的确认，本书所研究的R&D投入是上市公司财务报表中R&D资本化支出和费用化支出的总额。

1.4.4 技术并购

技术并购（technology acquisition）最早是由著名经济学家威廉姆森（Willimson）在1975年提出的。针对当时美国大量大型企业开展收购创新型小企业的现象，他将技术并购定义为企业获取竞争优势的新途径[240]。其后，拉马宁等（Laamanen et al.，1996）将技术并购定义为技术创新驱动下的技术型公司收购其他企业的现象[180]。随着技术并购研究的不断深入，技术并购已经成为企业重要的创新途径之一[126]。韦尔默朗和马尔康（Vermeulen & Barkema，2001）指出技术并购可以实现企业现有知识存量的更新和扩充，从而避免因知识重复利用导致的企业创新惰性[233]。也有部分学者指出，随着技术结构日益复杂，企业受制于内部资源和能力的约束，难以通过内部自主研发实现企业创新，而技术并购能够给企业带来更多的互补性资源[219]。近年来，部分学者指出，随着企业研发成本不断上升以及过度依赖内部知识，可能导致企业内部创新机制僵化，使得越来越多的企业通过外部并购寻求知识基础储备。迈耶等（Meier et al.，2016）则将创新导向并购为主的外部增长战略称为"共生并购"[203]。

随着我国并购市场不断活跃，技术并购引起了国内学者的广泛关注，温成玉和刘志新（2011）指出，企业一方面要充分利用已有的技术知识，实现对现有知识的保持和维护，另一方面还要通过不断吸收外部知识实现企业知识的更新和升级[61]，因此，外部知识获取成为决定企业成败的关键路径之一。韩宝山（2017）指出，技术并购是企业通过并购方式获取所需的技术资源，实现对内部创新能力的补充和更新的并购活动[18]。黄璐等（2017）也指出，以技术资源为主要目标的并购活动是企业获取外部技术资源的重要途径，企业通过技术并购可以获得目标企业的研发团队以及专利等知识积累，从而实现企业能力的快速提升[23]。张能鲲等（2019）认为目前技术并购已成为企业实现外延式创新的重要方式之一，企业通过并购拥有技术资源的目标公司能够实现内部研发和外延式创新的有机结合[5]。王宛秋和马红君（2016）则指出，技术并购自身的一些特征，如并购目标的知识规模、并购双方的技术匹配性以及主并企业对技术并购后的技术资源整合能力等因素对技术并购的最终效果起到决定性影响[58]。相关学者指出技术并购对企业而言也是一项具有较高风险的 R&D 活动[121,165,195]，因而对企业决策主体的风险承担能力提出了较高的要求，同时随着企业两权分离制度的发展，技术并购的实施也导致了一定代理问题的产生[172,207]。基于这一背景，本书将关注股权激励对技术并购的影响。根据上述研究对技术并购的界定，结合我国技术并购活动的特殊市场背景，本书将企业在其并购公告中明确指出其此次并购交易的最终目的是获取对方的技术或专利的并购活动定义为技术并购。

随着技术成本提升、产品生命周期缩短以及技术日益复杂等企业创新环境的剧烈变化，同时包括内部创新与外部创新方式的开放式创新结构成为企业的重要创新形式。韦斯特和加拉格尔（West & Gallagher，2006）指出，为了应对开放式创新的发展，企业开始有意识地将自身具备的创新能力、资源与外部获得的资源整合起来，通过多种渠道提升自身的创新水平[238]。在这一理论背景下，部分学者对技术并购与 R&D 投入之间的相互关系展开了深入研究。早期学者认为技术并购与 R&D 投入之间是一种相互替代关系[166]，而近年来越来越多的学者研究证实，当企业进行技术并购时，继续保持必要的内部 R&D 投入有利于实现技术并购后的整合[118,228]，从而二者是一种共生关系[118,228]。德鲁克（Drucker，1992）研究指出，企业通过重构 R&D 体系实现外部知识获取时，其面临着如何平衡内、外部 R&D 投资活动的问题[142]。鉴于 R&D 投入与技术并购的共生关系，同时包括技术并购与 R&D 投入的内外部创新投入的组合方式成为解决内部 R&D 投入与技术并购平衡问题的有效方式。另外，从经济学视角来看，这种内外部创新投入的组合方式能够实现技术并购过程中管理层的个人利益与企业收益的帕累托最优[153,237]，这一点也是本书探讨股权激励对技术并购决策的影响时的重要理论依据。

1.4.5　创新绩效

创新绩效是企业创新活动的目的所在，在管理学相关研究和实践过程中，大量学者对这一概念进行深入和广泛的研究。德鲁克（1992）认为创新绩效是企业技术创新的综合评价[142]。林顿（Linton，2009）则指出，应从技术创新和社会创新两个维度对企业创新绩效进行衡量，技术创新绩效是产品开发技术或工艺的变化程度，而社会绩效则是专利系统等社会系统的引入情况[192]。阿莱格里和奇瓦（Alegre & Chiva，2013）指出，创新绩效是反映企业创新系统资源投入后所获得的效果和效率的提升[97]。哈格多恩和克洛特（Hagedoorn & Cloodt，2003）则从狭义和广义两个视角对企业绩效进行了界定。从狭义上而言，企业创新绩效是企业发明或者专利所取得的市场反应；而广义上，创新绩效是从新概念或新想法的产生到形成产品再到进入市场的整个创新过程的衡量[156]。梅乌斯和欧乐曼斯（Meeus & Oerlemans，2000）以及王和艾哈迈德（Wang & Ahmed，2004）则将创新绩效定义为企业产品创新或过程创新带来的绩效的提升[202,235]。

综上，当前学术界对于创新绩效的定义并未达成共识，本书基于现有研究和讨论，将创新绩效定义为："企业通过创新资源投入及相关活动所取得的经济后果"。

学术界对创新绩效的测度进行了深入讨论。截至目前，常用的创新绩效的测量方法，主要包括了主观测量法和客观测量法。前者是指通过问卷调查等方式，设置一些反映企业创新变化的指标，对被调查者进行询问而形成企业创新绩效的测量指标体系；后者则是利用上市公司的专利申请和授予数据，以及权威组织披露的相关数据等二手数据资料对创新绩效进行测量。相关研究指出，创新绩效的定义和测度应基于具体的研究问题和情景进行选择，否则会导致测量偏差而影响研究的最终结果。本书意图讨论中国市场情境下的上市公司股权激励对创新产出的影响问题，随着当前我国上市公司相关信息和数据披露日益公开和透明，包括上市公司专利申请和授予等数据在内的创新绩效指标更易于获取，也能够较为客观地反映企业创新产出水平的变化。因此，本书将通过国泰安数据库（CSMAR）中的研发专利数据库所披露的上市公司专利申请和授予数据衡量企业创新绩效。

1.5　研究内容与方法

1.5.1　研究内容

针对所提出的研究问题，本书从四个部分，共七个章节展开了深入研究，具体安排如下。

第一部分为问题导入部分，主要对应本书的第 1 章。首先，该部分从我国当前宏观创新环境着手，提出本书的研究问题。其次，进一步明确本书研究的理论和现实意义。在此基础上，对本书所涉及的股权激励、管理层与核心员工、R&D 投入、技术并购以及创新绩效等相关概念进行了界定。最后，梳理了本书的内容安排、研究逻辑以及可能的创新点。

第二部分为理论分析部分，主要包括本书的第 2 章和第 3 章。第 2 章为本书的理论基础和文献综述，主要回顾与梳理选题相关的理论和已有国内外文献，寻找本书的理论支撑，为后续的实证分析奠定理论基础。该章共包括两节内容，第 2.1 节简要回顾本书相关的创新理论、委托代理理论、企业激励理论、风险承担理论以及高阶梯队理论等基础理论，构筑本书的理论基础；第 2.2 节全面梳理国内外学者在股权激励与企业创新相关方面的研究成果，指明本书研究方向，明确研究视角。第 3 章为制度背景和理论分析，制度背景部分简要回顾我国股权激励制度的历史沿革，总结其实施现状，并进一步从创新环境、创新投入以及创新产出三个方面分析了我国创新现状；理论分析部分则从创新投入和创新产出两个方面分析股权激励对企业创新活动的作用机制，并构建了本书的理论分析框架。

第三部分为实证分析部分，是全书的核心内容。主要包括第 4、5、6 三章，实证部分遵循"激励—行为—后果"的逻辑思路，先后从创新投入和创新绩效两个层面深入研究了股权激励对企业创新活动的影响效果与作用机制。第 4 章和第 5 章是本书对企业创新投入影响的实证研究部分，从企业内部创新和外部创新两个视角展开。其中，第 4 章以中国沪深 A 股上市公司为样本，基于门槛效应模型，检验和分析了股权激励与企业内部 R&D 投入的内在影响关系及作用机理，是对股权激励与内部创新投入关系的研究。第 5 章则从企业创新活动的外部视角，探讨股权激励与技术并购的影响关系，是股权激励对企业外部创新投入治理效应的研究。第 6 章为股权激励对企业创新绩效的影响及作用路径的实证研究，从激励对象视角深入考察了股权激励对企业创新绩效的作用效果及其实现路径。

第四部分为结论部分，主要包括第 7 章内容。本部分主要总结全书研究取得的主要结论，并结合当前实际，提出了相应的政策建议；最后指明了本书研究存在的不足以及未来研究方向。本书技术路线如图 1 - 1 所示。

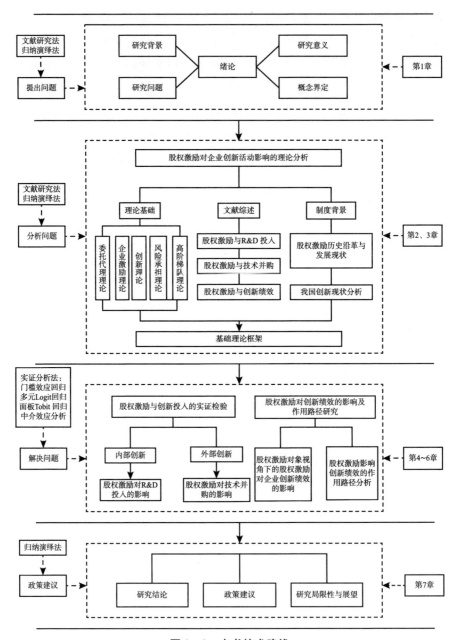

图 1-1 本书技术路线

1.5.2 研究方法

遵循"提出问题—分析问题—解决问题"的逻辑思路，本书从创新活动的投入—产出视角研究了我国上市公司股权激励对企业创新活动的影响。为了实现研究目的，本书综合运用文献研究法、归纳演绎法和实证分析法对上述问题展开研究。

1.5.2.1 文献研究法

文献研究法是基于对已有文献资料的搜集及整理形成对相关事实的科学认知。为了满足选题研究的需要，本书在提出问题、解决问题和分析问题部分均采用了文献研究法。通过系统地检索和收集国内外大量的权威研究期刊中相关研究文献，梳理和总结了股权激励对企业创新活动影响的研究现状以及趋势。据此，深入剖析股权激励影响企业创新投入及产出的内部机制，形成相关假设，为相关问题的解决奠定理论基础。

1.5.2.2 归纳演绎法

本书在相关概念界定、理论框架构建、实证检验以及政策建议等部分均采用了归纳演绎法。具体而言，通过查阅文献，收集资料，结合现有的股权激励及企业创新方面的研究，归纳和总结相关概念的内涵。通过回顾和梳理本书相关理论和已有国内外文献，归纳和总结现有研究的不足，指明本书研究方向。基于对股权激励与企业创新投入和创新产出作用机制的分析，构建实证分析的理论框架，夯实实证研究的理论基础。在实证过程中，基于对已有领域的研究现状的归纳，演绎出相关假设，为实证研究的展开指明切入点。基于对相关实证结论的归纳总结，提出相应的政策建议。

1.5.2.3 实证分析法

本书基于多元回归模型、门槛效应模型、多元 Logit 选择模型、面板

Tobit 回归、中介效应分析以及交互调节作用模型等多种实证方法对相关假设进行检验。

（1）多元回归模型。借鉴已有研究，本书基于 2008～2018 年实施股权激励的上市公司数据，构建多元回归模型，从整体上分析股权激励对R&D 投入及创新绩效的影响。

（2）基于面板数据的门槛效应模型。瀚森（Hansen，1999）构建的基于面板数据的门槛效应模型在经济与管理领域得到了广泛应用，该模型能够对跳跃区间进行更为精确的估计，从而实现对解释变量和被解释变量之间的结构性变化关系的分析[159]。本书将门槛效应模型引入股权激励与R&D 投入关系的实证研究中，通过构建门槛变量，分析二者之间可能存在的结构性变化关系。具体而言，本书从企业风险承担能力以及内部代理问题的影响因素出发，构建出包括企业规模、财务资源冗余和股权集中度在内的门槛变量，通过构建门槛效应模型验证了股权激励与 R&D 投入在门槛变量的不同阈值范围内的异质效应。

（3）多元 Logit 选择模型与面板 Tobit 回归分析。多元 Logit 选择模型用于解决多方案的选择问题。本书运用多元 Logit 选择模型，以内部 R&D 投入为参照方案，分析股权激励对以技术并购为主的外部创新投资行为的影响。面板 Tobit 回归模型是对归并面板数据结构（censored data）进行有效分析的常用手段，本书运用面板 Tobit 回归模型考察股权激励对技术并购规模的影响以及并购前 R&D 投入的调节效应。

（4）中介效应与交互调节作用模型。中介效应模型可以分析变量之间的影响过程和机制。采用温忠麟（2009）的中介效应分析法[62]构建本书的中介效应分析模型，考察 R&D 投入在管理层股权激励与创新绩效之间的中介效应，分析管理层股权激励对企业创新绩效提升效果的实现途径。同时，构建调节作用检验模型，实证检验 R&D 投入在核心员工股权激励提升创新绩效过程中的调节效应。

1.6　主要创新点

本书以 2006 年股权分置改革后的沪深 A 股上市公司为例，立足于我国全面推进创新驱动发展战略的现实背景，从创新投入和产出两个方面系统研究了股权激励的创新效应，与已有研究相比，可能的创新之处体现在以下几个方面。

（1）从"激励—行为—后果"的逻辑视角系统研究了股权激励对企业创新的影响，更加全面和完整地揭示了股权激励的创新效应。回顾已有文献，当前股权激励与企业创新活动影响关系的研究主要沿着"激励—行为"或"激励—后果"的逻辑思路展开。具体而言，部分学者主要关注了股权激励对 R&D 投入或者创新绩效中的某一个方面的影响。也有部分学者在相关研究中将 R&D 投入和创新产出视为同一维度上的结果变量来衡量企业创新水平[10,27,50,54,70,85,92]。而事实上，R&D 投入反映了企业长期创新能力的提升，而创新绩效则反映了企业创新活动的最终产出水平，换言之，R&D 投入是创新绩效的因变量，但二者关系存在较大的不确定性，并非简单的线性关系[186]。因此，已有研究仅从 R&D 投入或创新绩效中的某一个视角或者将二者作为同一维度上的创新变量来研究股权激励对企业创新的影响，人为地割裂了企业从创新投入到创新产出的价值创造链条，无法全面准确地揭示股权激励对企业创新活动的影响机理。区别于以往研究，本书沿着"激励—行为—后果"的逻辑思路，从创新投入和创新产出两个过程深入剖析了股权激励对企业创新活动的全面影响，深化了股权激励的创新激励有效性的研究内容，从更加全面和完整的视角揭示了股权激励对企业创新活动的影响机理。

（2）从股权激励治理效应的影响因素出发，扩展了股权激励与 R&D 投入关系的研究框架。现有研究中针对股权激励与 R&D 投入影响问题的讨论主要基于"利益趋同"假说和"管理层防御"假说的理论基础展开，并逐渐形成了两个争议性的观点：一种观点认为股权激励与 R&D 投入之间存在显著的线性影响；另一种观点则认为股权激励与 R&D 投入之间呈现显著的倒 "U" 型关系。以此为出发点，本书尝试从企业风险承担和内部代理问题的影响因素着手，将企业规模、财务资源冗余和股权集中度等变量纳入到股权激励与 R&D 投入关系的分析框架中，首次考察了股权激励与 R&D 投入在上述变量的不同阈值范围内可能存在的结构性变化。因此，本书在理论基础上突破了原有的股权激励与 R&D 投入的研究范式，从新的视角论证了股权激励对 R&D 投入的非线性影响，拟推动股权激励与企业 R&D 投入争议性关系的解决。

（3）从外部创新的视角，拓宽了股权激励与创新投入关系的研究视角。综述创新领域已有研究，内部自主研发和外部技术并购成为当前企业实现技术突破的两个重要途径[248]。但现有研究更多关注了股权激励对企业内部研发活动（如 R&D 投入）的影响，而对股权激励对外部创新投入（如技术并购）影响的研究并不多见。基于此，本书通过考察中国情境下股权激励与技术并购的影响，将国内已有的股权激励与企业创新投入的研究视角从企业创新边界的内部拓展到了外部，弥补了现有研究的空白。本书通过研究股权激励对企业外部创新投资行为的治理效应，进一步丰富了股权激励创新效应研究的内容。

（4）从激励对象和作用路径视角，深化了股权激励与企业创新绩效关联性的研究内容。当前关于股权激励与创新绩效关联性的已有研究主要侧重考察管理层股权激励对企业创新产出的相关影响，鲜有研究关注核心员工股权激励对企业创新绩效的影响问题。本书沿着股东—管理层—员工这一委托代理链条，通过考察核心员工股权激励对创新绩效的影响效果，将股权激励的创新后果的研究范围从创新战略的决策层延伸到了执行层，深化了股权激励的创新后果的研究内容。相关突破表现在以下几点：首先，以股权激励对象为切入点，将对企业创新绩效具有重要影响的管理层和核心员工均纳入到股权激励与企业创新绩效关系的分析框架中，比较了管理层股权激励与核心员工股权激励对企业创新绩效的影响，拓展了创新激励领域的研究视角。其次，从创新产出的实现方式着手，通过构建中介效应和调节效应模型，探讨 R&D 投入分别在管理层股权激励和核心员工股权激励与企业创新绩效之间的不同作用，揭示了股权激励对企业创新绩效的影响路径。最后，从创新投入方式着手，通过分组检验，比较了不同创新路径下的股权激励对创新绩效的作用效果，证实了股权激励对创新绩效影响的路径依赖。

第 2 章　理论基础与文献综述

本章主要回顾和梳理选题相关的理论和已有国内外文献，为实证研究寻找理论支撑，为后续的理论和实证分析提供支持。本章主要包括三个部分，第 2.1 节简要回顾本书相关的创新理论、委托代理理论、人力资本理论、企业激励理论、风险承担理论以及高阶梯队理论等基础理论，为本书后续实证研究奠定理论基础。第 2.2 节全面梳理和总结国内外已有研究对股权激励与企业创新活动关联性的研究进展，为本书寻找理论切入点，明确本书研究方向和视角。第 2.3 节为本章小结。

2.1　理 论 基 础

2.1.1　创新理论

创新概念最早出现于奥地利经济学家约瑟夫·熊彼特的《经济发展理论》，他指出创新是创新主体所构建的一种新的生产函数，即"把某种以前不存在过的由生产要素和生产条件组成的全新组合引入生产体系"①。创新理论是熊彼特全部经济理论的核心内容。其主要内容具体体现在新产品、新技术、新市场、原料新来源、新组织目标等五个方面[45]。此后，大量学者对企业创新的动力、来源和环境等因素展开了深入研究，不断丰

---

① 熊彼特. 经济发展理论 [M]. 贾拥民，译. 北京：中国人民大学出版社，2019：252.

富和完善了创新理论。随着技术创新、市场创新、制度创新以及管理创新等创新理论的提出，熊彼特创新理论体系逐渐成熟和完善起来，成为研究企业创新行为相关问题的基础性理论。

曼斯菲尔德（Mansfield，1968）通过深入探讨技术创新推广与扩散相关问题，实现了对熊彼特创新理论的进一步补充和丰富，推动了创新理论的新发展[198]。卡明和施瓦茨（Kamien & Schwartz，1976）探讨了企业规模和市场竞争对企业创新的影响，并指出了最适合企业技术创新的市场结构[174]。在此基础上，熊彼特创新理论得到了进一步的延伸和发展，形成了新熊彼特理论。企业创新活动内部的运作规律，企业规模、市场结构与企业创新的影响关系以及企业技术扩散效应等问题成为该理论的主要关注点。在此基础上，戴维斯和诺斯（Davis & North，1971）将制度理论和创新理论结合，探讨了创新制度的成因及其对企业经济后果的影响问题，提出了制度创新理论，成为熊彼特创新理论之后的另一个重要理论分支[133]。该理论认为合适的制度选择是促进企业技术创新的关键。该理论将经营管理、外部合作以及任何突破以往规律的行为都定义为制度创新的范畴。该理论进一步指出通过设计对个体行之有效的激励机制，使个人和社会收益均得到满足，能够对企业技术创新的动力和效率产生显著影响[83]。对此，相关学者展开了不同讨论。比如，林如海等（2009）认为企业制度创新就是产权制度、公司治理结构、组织制度和配套制度四个制度方面的新发展，企业通过引入新的企业制度代替原来的企业制度能够更好地适应自身和市场环境的变化[36]。邱国栋和马巧慧（2013）从企业的制度创新与技术创新内生耦合的角度，剖析了企业创新的耦合效应，并构建起了推动企业成长的理论分析框架[42]。

在技术创新理论与制度创新理论的演化过程中，存在着"技术决定论"和"制度决定论"两大观点，前者认为技术变革决定制度变革，而后者则认为制度创新是推动技术创新的基础。随着相关研究的不断深入，更多学者开始从持续的相互作用的逻辑视角关注二者的互动关系，认为技术创新与制度创新是一种相互影响，相互依赖的互动关系。如法勒斯（Perez，1983）首先论证了技术创新与制度创新的协同关系，他认为二者在经济活动周期性演化中的相互匹配是推动经济增长的关键。纳尔逊（Nelson，2003）研究指出技术变革的实现离不开与之相匹配的创新制度体系的支持，他进一步基于技术与制度协同演化的研究视角对技术创新与制度创新的"匹配—适配—再匹配"的过程做出了全面解释。实际上，不管是技术创新还是制度创新其根本目的都是为了最大程度地获取创新利润，技术创新推动制度创新，制度创新则保障、激励和推动技术创新。

技术创新与经济增长之间的关系的相关性还需要从经验研究中得到更多证据，同时技术创新研究脱离不了对创新的度量。施穆克勒（Schmookler，1966）等学者在其研究中首次尝试采用专利指标分析和测度了技术进步，标志着技术创新度量研究的开始[223]。随后以格里利谢斯（Griliches，1979，1984）的研究为标志，大量实证研究开始基于熊彼特理论运用技术特征相关数据，尤其是 R&D 投入和专利数据来测度企业创新产出水平[154,155]。随着研究的不断深入，R&D 统计和创新统计不断发展，并于20 世纪 90 年代开始了标准化过程。

综上所述，本书对于创新理论的发展脉络的梳理，能够使我们加深对于技术创新的认识，明确技术创新对社会进步和经济发展的重要推动作用。对企业而言，创新是提高技术水平的重要途径和实现进一步发展的根本动力；从整个行业角度而言，技术创新也是产业经济发展的关键因素。在当前全球技术更新速度不断加快的背景下，我国在推进创新驱动发展战略的过程中，依然存在着创新动力不足，创新压力较大以及创新实力不强等一系列现实问题。因此，技术创新理论对我国当前推进企业创新制度改革和创新体系建设具有启迪作用。股权激励作为现代企业制度中的重要治理机制，通过企业内部制度安排，构建起有益于创新的制度环境，能够有效提升创新决策主体的创新积极性。技术创新与制度创新共同为实现企业内部治理机制优化，激发企业创新活力指明了方向，为股权激励创新效应研究提供了强大的理论支撑。

2.1.2 委托代理理论

伯利和明斯（Berle & Means，1932）指出，随着公司所有权与经营权的分离，公司股东与经理人之间的矛盾进一步加深，在此基础上，他首次提出并探讨了委托代理理论。简森和梅克林（Jensen & Meckling，1976）则进一步发展了委托代理理论，其后经过诸多经济学者和公司治理学者的不断发展，委托代理理论成为比较成熟的研究公司治理相关问题的基础理论，从而成为近三十年来契约理论最重要的发展[171]。

委托代理关系广泛存在于商业和社会各个领域中，具体是指在特定契约关系框架下，所有者将其拥有资产委托给经营者经营，所有者作为委托人享有剩余价值索取权和控制权，而经营者作为代理人，在委托人授权范围内对其资产行使支配、使用和处置的权利。委托代理关系是社会进步和生产力发展的重要产物。随着当前规模化生产的复杂程度不断加剧，生产资源所有者受到自身精力、时间以及自我能力的相关限制，并不能亲自参与到企业生产经营过程中。与此同时，随着生产分工不断发展起来的职业经理人，凭借其专业的知识和技能，逐渐代替资源拥有者成为经济活动的参与者，在这种情况下便产生了委托代理关系。

委托代理关系中委托双方之间的信息不对称以及委托代理双方的利益冲突构成了委托代理问题产生的根源。对于委托人而言，其不可能对代理人的努力进行时刻监督，从而代理人就拥有了一定的信息优势，一旦双方产生利益冲突，代理人就能够凭借其信息优势进行私利攫取，由此引发逆向选择等典型的委托代理问题。因此，委托代理问题的产生需要两个基本的前提假设：（1）委托人和代理人之间的目标函数不相同，从而存在可能的利益冲突；（2）由于信息不对称的存在，代理人直接参与企业生产和运营中具备明显的信息优势。委托代理问题的直接后果之一就是导致了代理成本的产生[83]。代理成本主要包括以下四种成本：订约成本、监督成本、约束成本以及剩余损失①。

---

① 订约成本（contract cost）是指为了促成代理人达成契约所付出的成本；监督成本（monitoring cost）是指在委托代理关系中，委托人为了规避代理人不利行为，而通过多种方式对其进行干预和约束而付出的成本；约束成本（bonding cost）是代理人对委托人进行利益忠诚所产生的成本；剩余损失（resuding cost）是指代理人违反代理人意愿最大化公司价值所产生的剩余价值损失。

现代企业制度下，尤其是股份制公司的发展，使得企业控制权和所有权的分离成为委托代理问题产生的另一个重要原因。简森和梅克林（1976）指出，在股份制公司中，股东与经营者之间，控股股东与中小股东之间以及股东与债权人之间都存在着明显的代理问题，这三种代理问题中，股东与经营者之间的代理问题最为典型，也最受关注[171]。委托人与代理人之间的效用函数在典型的委托代理关系中存在着明显的不一致，并且二者之间存在着明显的信息不对称。公司股东作为投资人拥有公司的剩余价值的索取权，追求公司价值的最大化，而经营者只享有经营权，并没有剩余价值索取权，从而，其作为理性经纪人追求的是个人收益的最大化。对股东而言，虽然并不参与公司的具体运营和管理，但却需要承担公司战略决策的失败造成的损失。而经营者虽然也会因为经营损失影响职业发展，但相比于股东却微不足道。此外，二者之间存在的信息不对称，可能出现经营者为攫取私利而做出不利于公司长期发展的短视决策行为。

如何有效降低代理问题引发的代理成本成为代理理论研究的核心工作之一。当前大量研究主要从激励和监督两个层面出发构建股东—经营者之间的代理冲突缓解机制来降低代理成本。一方面，激励理论学者认为，在股东（委托人）与经营者（代理人）之间构建起目标一致的利益函数，实现双方核心利益的捆绑是降低代理成本的有效途径。简森和梅克林（1976），阿吉莱拉和杰克森（Aguilera & Jackson，2003）指出，股权或期权等长期薪酬激励计划能够使经营者和所有者的利益目标一致，因而成为解决代理双方代理问题的最基础有效的方法[95,171]。股权激励作为一种长期激励机制，能够实现管理者对剩余价值的索取权共享，使其个人利益与公司价值最大化的目标相一致，引导其更加重视公司未来价值创造能力和长远竞争能力的实现，从而其激励作用远大于包括工资、奖金等激励内容的传统激励方式。由此，股权激励制度在极大缓解了股东与经营者之间的利益冲突的同时也进一步弱化了经营者的短视行为。具体而言，股权激励对于代理问题的治理效应具体体现在以下几个方面：（1）能够更好地实现激励相容。股权激励通过建立以产权为纽带的利益共享激励机制，实现了管理层与股东之间的激励相容[9]。（2）能够显著降低代理成本。如前所述，委托代理问题的直接影响之一就是能够产生代理成本。相关研究发现，通过授予管理者公司的部分控制权，能够使得管理者的目标与企业目标相一致，从而，有助于降低代理成本[90]。（3）有效改善管理者短视行为。股权激励通过将管理者个人收益与企业业绩相关联，激励管理者更加关注企业长期收益，因此，有效地规避了传统薪酬分配体系下，管理者的短视行为。如前所述，委托代理问题产生的一个主要原因是委托人与代理人之间的信息不对称，如果代理人能够尽可能地向委托人提供更多的企业经营管理状况的信息，股东就可以更为全面地了解到代理人的努力程度，那么代理问题也就得到了有效的缓解。为此，简森和梅克林（1976）建议代理人给外部股东提供一份经过审计的独立报告能减少信息不对称。企业法律法规也规定上市公司需要提供一份经注册会计师审计的详细财务报表，使企业利益相关者能够了解到企业经营状况；委托人得到的信息越多，代理人的偷懒、浪费等自利行为将降低[171]。

综上所述，代理问题成为现代企业面临的重要内部治理问题。尤其是代理问题导致的管理层短视问题，严重地阻碍了公司长期发展战略的制定和实施。在当前技术更新日益加速，创新逐渐成为企业赖以生存的基础以及两权分离制度进一步稳固的背景下，如何有效治理代理问题，提高企业创新动力成为理论和实践领域的重要课题之一。本书所研究的股权激励对R&D投入及技术并购的影响问题正是从其背后的代理关系出发，考察股权激励对企业创新过程中的委托代理问题的治理效果。因此，委托代理理论为本书研究股权激励对企业创新投入的影响奠定了坚实的理论基础。

2.1.3　人力资本理论

委托代理理论为本书研究经理人的监督和激励问题奠定了理论基础。人力资本理论则是从人的视角出发，将人作为能够产生投资收益的一种企业财富源泉。该理论指出，随着经济全球化的深入，科技水平的飞速发展以及商业模式的不断创新，高质量的人力资源成为经济发展的重要推动力量。这种情况下人力资本的所有者日益成为企业经营风险的主要承受者，这从根本上决定了人力资本的所有者分享企业剩余索取权的必要性。人力资本理论为经营者获得企业剩余索取权奠定了合法地位，是对资本理论和产权理论的重大创新。人力资本理论的核心观点认为，允许管理者的人力资本参与剩余索取权的分配，能够有效缓解管理者与股东之间的利益冲突。

以美国经济学家舒尔茨和贝克尔为代表的人力资本理论学者指出，经营者的人力资本实际上反映了其所拥有的基本素质和综合能力，其具有与所有者不可分割的天然属性，从而人力资本呈现出明显的个体私有性特征。为此，企业对人力资本所有者进行必要的激励是调动其积极作用的有效手段。新制度学派则从企业角度将人力资本定义为了人力资本与非人力资本要素所有者共同订立的一种市场合约。在此基础上，国内学者指出，现代企业具有物质资本产权与人力资本产权的二元产权属性，企业股东通过投入财务资本享受企业的所有权，而向企业提供人力资本的经理人也应该享有同样的企业所有权。

随着当前科技变革速度的加快，企业之间的竞争日趋惨烈，企业管理成为日趋专业和复杂性的活动。因此企业经营者的个人知识、技能和经验在企业经营过程的重要性不断提升。人力资本已经超越物质资本成为现代企业发展的第一生产要素。在此背景下，人力资本的补偿方式开始从薪酬向剩余价值索取权转移，以股权激励为主要代表的企业受益分配机制日益受到重视。现代企业制度下，若人力资本所有者的相关投入不能获得应有的承认和补偿，一方面可能使其产生不利于企业发展的机会主义行为，另一方面其可能会离开企业造成人才流失。尤其是高管作为企业最重要的人力资本具有不可替代性和资产专用性，其作为现代企业制度下企业风险的主要承担者之一，应像其他物质资本拥有者拥有企业的剩余价值的索取权。

股权激励通过对管理者的企业剩余价值索取权的授予体现企业对管理者技能重要性的充分认可。另外，股权激励的存在使得企业所有者与管理者之间的激励关系转化为物质资本所有者与人力资本所有者之间剩余利润分配的关系，而企业的经营业绩则成为这种关系有效结合的纽带。基于人力资本在企业发展过程中的重要性，使得核心员工激励具有了十分重要的意义。综上所述，人力资本理论为本书从管理者以及核心员工两个维度探讨股权激励对企业创新绩效的影响效应提供了理论基础。

2.1.4　企业激励理论

激励理论是现代企业理论的重要组成部分，在现在企业制度下，经营者通过构建一系列对企业各要素主体的激励约束机制，构建了利益均衡条件下的各利益主体之间的契约关系[20]。本书所涉及的股权激励正是现代企业制度下激励理论的新发展。为此，探究股权激励与企业创新活动的影响无法脱离对经典的激励理论的内容和发展现状的分析。纵观激励理论的发展历程，其主要是从经济学视角和管理学视角两个方面进行的，因此，本书也将分别从这两个视角对激励理论相关内容进行回顾和综述。

2.1.4.1　激励理论在经济学视角下的发展

自 20 世纪 30 年代开始，经济学领域相关学者开始关注企业内部员工激励对管理效率的影响问题，在此基础上，逐渐诞生了交易费用理论和委托代理理论等经典激励理论[26]。交易理论认为，通过合理的制度设计使所有者和经营者在一定程度上成为利益相关者，是最有效的降低交易费用的途径[73]。委托代理理论则认为，企业激励理论的核心应该是设计必要的制度来解决信息不对称下委托人和代理人之间的利益冲突导致的道德风险和逆向选择等行为。这种制度必须能实现以下三个目标：（1）该制度下，代理人能够为了个人效用最大化而采取必要行为对委托人进行激励；（2）与不接受该制度所获取的收益相比，代理人接受该制度的收益更大；（3）在该制度范围内，委托人为了获取最大收益可能会损失部分个人利益。张维迎（1995）[83]指出，在委托代理理论的激励约束制度下，一方面，使委托人预期效用达到最大的激励契约框架下，代理人需要承担必要的风险；另一方面，在代理人风险中性的条件下，使其享有剩余价值索取权是实现最优激励效果的有效途径。20 世纪 80 年代，米尔格隆和罗伯茨（Milgrom & Roberts，1982）等学者将动态博弈模型引入到委托代理理论的研究中，通过模型构建探讨了对代理人具有激励作用的隐性激励要素的影响，进一步丰富了委托代理关系中的激励内容[204]。

从 20 世纪 80 年代末开始，激励理论相关研究开始关注控制权、代理人薪酬与企业绩效之间的关系，并指出将控制权与企业绩效联系起来是激励经理人努力提升经营业绩的重要手段[63]。此外，由于作为代理人的企业高管的薪酬与经营业绩之间存在着敏感性，因此，通过向其提供高额的薪酬也能够对其产生明显的激励作用[220]。

21 世纪以来，金融危机、上市公司薪酬丑闻、过度激励等一系列负面新闻的不断出现，引起了激励理论学者的广泛关注。学者们从激励理论的微观基础和激励机制等层面进行了深入探讨，强调隐性激励、团队激励以及长期激励等激励方式对于企业绩效的积极作用。更多的研究基于理性人假设的基础上，从社会心理和行为视角对激励机制的相关影响因素展开深入讨论[26]。

2.1.4.2 激励理论在管理学视角下的发展

管理学视角的激励理论以个体需求为出发点，通过心理学和社会学的归纳，关注人的群体性行为，强调从激励的目的和动机调动激励对象的工作积极性，激发其在实现组织目标过程中的主观能动性和创造性。

管理学中有关激励理论的研究以泰勒的科学管理理论的发展为起点，逐渐包容并蓄地吸收了多种激励方式，形成了丰富完善的激励理论体系。经典的管理学激励理论根据研究侧重点的不同分为了内容型激励、过程型激励以及行为激励理论三大理论体系，各理论体系内容如下。

（1）内容型激励理论以马斯洛的需求层次理论和赫兹伯格的双因素理论为代表。马斯洛将人的需求分为了生理、安全、社交、尊重以及自我实现五个层次，并指出这五个层次的需要从低到高逐级得到满足。对此，进行相关激励时首先需要确定激励对象所处的需求层次，通过对其所在层次的需求的满足产生预期的激励效应。而赫兹伯格则从员工工作满意度的影响因素入手，将其划分为了保健因素和激励因素。保健因素主要是指一些引起激励对象不满或者抵触的影响因素，如员工工作环境、人际关系等，对这些因素进行改善只会减少员工不满意程度，并不能提升员工满意度。激励因素主要是指能够对员工内在心理活动产生作用的影响因素，如工作成就、工作认可度等，这些因素的改善能够给员工带来自我满足感。根据这一理论，企业在构建相关激励机制时应更多地关注激励因素的改善和提升。

（2）过程型激励理论的典型代表是亚当·斯密的公平理论和弗鲁姆的期望理论。这些理论重点关注激励对象的动机和目标，认为通过针对性的激励合约设计，才能充分调动激励对象的积极性。亚当·斯密强调了薪酬分配的合理性、公平性对激励对象的积极作用；弗鲁姆则构建了个体努力—绩效—报酬的激励路径，进一步指出，合理的绩效评价和相应的报酬水平是激励员工的关键要素。因此，对于企业经营者而言，应该根据组织目标选择恰当的绩效评价指标。

（3）行为激励理论主要以斯金纳的强化理论为代表，主要强调对激励者行为方式的改变去实现激励目的。强化理论认为人的行为是外部环境刺激的后果，通过对外部环境的改变，会影响人的行为方式，从而对于组织而言，可以通过鼓励组织所期望的正面行为，达到组织目标实现的激励目的。

综上所述，管理学视角下的激励理论主要基于行为科学和心理学中对于需要、目标、动机和行为之间的分析构建起来的。因此，管理学视角下的激励理论有助于对企业经营业绩提升的影响因素进行根源性分析，为构建相应的激励机制奠定了理论基础。

现代企业制度下，所有者与经营者的关系既是委托代理关系又是管理与被管理的关系。因此，设计恰当的激励约束机制来提升代理人的工作积极性，最终显著提升组织价值创造能力，这既是经济学问题也是管理学问题。因此，研究股权激励对于企业创新活动是否能够产生有效的激励约束效应，从而提高企业创新产出并实现长期创新能力的提升，不仅需要从委托代理关系的视角展开分析，也需要从行为主体视角分析作为创新主体的管理者和核心研发人员的行为和动机。综上所述，经济学与管理学视角下的激励理论为本书构建股权激励与企业创新投入以及产出之间的作用路径提供了直接的理论指导。

2.1.5 风险承担理论

创新活动的不确定性特征，要求企业管理层进行相关创新决策时必须具备一定的风险承担能力[200]，但代理问题的存在往往导致代理人的低风险投资行为，其为了追求个人收益而不愿意进行风险较高的创新活动，更倾向于风险较小，能确保业绩稳定的低创新水平项目。针对这一现象，大量研究对企业创新过程中的风险承担问题展开了深入研究[10,191,242]。

创新过程中的风险承担是指企业选择将一些重要资源投入到那些具有较大的失败可能性的活动中而需要承担的潜在风险。比如，企业可能会因创新投资失败而承担必要的债务或者管理层为了实现预期的创新收益而需要做出大量的资源投入回报的承诺[149]，而这些承诺一旦无法实现，管理层需要对此负责，承担相应后果。需要指出的是，管理者对风险承担的倾向性的差异导致其进行创新决策时的考量因素显著不同。具体而言，相比于风险厌恶型的管理者，风险偏好的管理者更多关注风险决策可能带来的巨大的潜在收益[191,241]。除了上述风险承担倾向性差异，也有学者指出管理层过度自信与企业风险承担水平显著正相关，从而积极影响企业的创新投资活动[4]。此外，相关研究表明，企业特征[4]、企业生命周期阶段、股权结构[102]等因素也会显著影响企业的风险承担水平，促使企业进行风险性投资项目。综上所述，风险承担是创新决策过程中的关键影响因素，对企业创新绩效和长远发展具有重要影响，更有学者认为敢于承担风险是创新和成功的必要条件。

已有研究表明，企业外部环境以及可塑性较强的企业文化、组织结构和企业战略等因素构成了企业创新活动的决定性因素[232]。据此，现有研究指出，管理者作为企业战略决策者，能够识别机会，做出利于企业创新的正确决策[99,144]。然而管理者在企业创新决策中需要面对创新活动内在的不确定性。对于管理者而言，创新需要投入时间，努力以及大量资源，比如，尽管管理者知道创新活动的回报是未知的，但仍然需要增加 R&D

投入并分配大量的时间和精力[191,242]。因此，创新活动的这种不确定和较大的失败可能性会引起风险厌恶和创新投资不足现象的发生[241]。然而，创新活动可能产生的高收益也会促使许多管理者更加专注于创新所带来的潜在收益而非损失[191]，从而促使其面对创新更加地积极主动。

诸多研究表明，管理者的风险承担倾向对企业创新能力的形成呈现不同作用。如部分学者基于高阶梯队理论，从管理层任期、年龄等特征研究了高层管理团队的风险倾向及其对企业创新绩效的相关效应[242]。而也有部分学者对管理层风险倾向对企业创新过程及产出的影响展开了直接研究[191,214]。近年来，国内外大量学者开始关注风险承担激励对企业创新活动的积极影响（Hoskisson et al.，1991；Mao & Zhang，2018；Biggerstaff et al.，2019）[112,168,199]。

综上所述，企业管理层的风险承担水平是现代企业制度下，企业参与创新活动需要面临重要挑战，其对企业创新投入等创新行为具有显著的制约效应，最终影响企业创新产出的实现以及长期创新能力的提升。在此背景下，本书所研究的股权激励制度是委托代理理论下企业改善治理环境，刺激管理层风险偏好形成的有效机制，因此，风险承担理论是研究股权激励的创新效应的重要理论基础。

2.1.6　高阶梯队理论

高阶梯队理论是由汉布里克和梅森（Hambrick & Mason）在 1984 年首次提出。由于在企业实际运营过程中，高管及其团队是企业战略选择等组织行为的最终决策方，因此，高阶梯队理论以企业中的高管及高管团队为主要研究对象。具体而言，该理论重点关注企业高管及其团队与企业战略选择之间的内在关系。高阶梯队理论的发展为公司治理等领域的相关研究提供了更多的研究视角和科学方法。近年来，国内外学术界基于该理论对管理者背景特征、公司治理和投资决策方面的相关问题展开了深入研究（Mathieu et al.，2014；Hambrick et al.，2015；Choi，2017；Dubey et al.，2018；汪金爱，李丹蒙，2017；权小锋等，2018；刘婷，杨琦芳，2019）。国内外学者的相关研究有力地推动了高阶梯队理论的应用与发展，使其成为公司治理领域的重要基础理论。

高阶梯队理论主要包括两个主要观点：（1）不同的高管在相同的组织环境和战略信息的情况下所进行的战略选择以及对战略信息的解读存在显著差异；（2）造成上述战略选择差异的主要原因源于高管个体间存在的不同价值观、不同经历以及不同个性特征。根据上述观点可知，除了外部竞争环境和政策等对企业战略选择倾向具有显著影响的因素之外，高管个体因素也是不可忽略的重要因素。基于此，汉布里克和梅森（1984）进一步提出了以下两个观点：（1）与单纯的高管个体特征相比，高管团队特征更应该引起重视；（2）高管团队成员的人口统计学特征是测度高管认知和价值观的有效工具。

本书所探讨的股权激励的创新激励效应，也属于典型的高阶梯队理论框架范畴内的研究问题，作为一项情景因素，股权激励制度是企业高管所面对的企业内部制度环境之一。股权激励是企业给予高管团队的一项外在刺激，高管团队成员基于自身心理特征对其产生相应的认知，最终做出相应的创新战略决策。值得关注是，在股权激励影响企业创新活动的过程中，其与企业内外部环境要素发生交互作用。因此，股权激励的作用过程实质上是外部刺激、高管特征、行为反馈等要素发生交互作用的统一过程。高阶梯队理论指出，管理者对于股权激励相关信息的解读是基于其既有的认知结构和价值观而实现的。因此，其实质上是企业与高管之间订立的某种心理契约。基于上述分析，企业应基于激励对象需求异质性的特征进行相应的激励制度设计，从而实现针对性的激励方式选择，最终引导管理层基于企业长期利益和价值创造进行战略决策，实现激励机制的有效性。此外，高阶梯队理论进一步指出，股权激励实施效果也会受到企业内部环境的影响。因此，企业基于股权激励影响创新活动的过程中应考虑企业内外部环境因素的影响。这些因素可能会对企业股权激励的实施效果产生一定影响，具体而言，这些因素主要包括了微观层面因素（如高管特征、企业股权性质、公司治理特征等）、中观层面因素（包括行业环境、资本市场、税收与会计制度）以及宏观因素（包括企业所处的政治、经济、法律和社会文化等其他因素）。

综上所述，高阶梯队理论为本书深入分析股权激励对企业内、外部 R&D 投入影响的作用机理，进行理论分析框架构建与实证检验提供了理论依据。

2.2　文献综述

根据熊彼特创新理论可知，企业创新活动实际上是企业通过生产要素的投入实现技术创新和产品创新的过程，换言之，是一种资源配置的过程，这一过程受到企业内外部多种因素的影响。委托代理理论指出，现代企业制度下的委托代理问题是影响企业创新决策行为的重要因素。企业所有者通过设计有效的激励约束机制实现对相关代理问题的有效治理，最终对 R&D 投入等长期战略性决策活动产生积极影响[43]。随着股权激励制度逐渐得到更多企业的认可，其已成为缓解两权分离制度下代理冲突的重要激励约束机制。在此背景下，股权激励对于企业 R&D 投入等创新资源配置行为的影响受到了国内外学者的广泛关注。

近年来，随着技术并购等外部创新方式的兴起，更多企业开始尝试通过技术并购等外部 R&D 方式来实现企业技术创新[203]，而技术并购与内部 R&D 投入相比，有着完全不同的风险特征，由此导致这种外部 R&D 方式的决策过程中有着完全不同于内部 R&D 投入活动的代理问题。作为企业缓解内部代理冲突的有效机制，股权激励对企业技术并购活动是否存在有效的治理作用引起了国内外学者的关注，逐渐成为公司治理领域的又一个研究热点。本节主要从以上两个方面回顾和综述股权激励对企业创新投入影响的研究文献。

熊彼特创新理论指出，企业创新投入的最终目的是获取相应的绩效，因此，从产出视角衡量股权激励对企业创新活动的影响也是当前创新研究关注的重要问题。本节最后对股权激励与企业创新绩效影响的相关文献进行了综述，为本书探究股权激励对企业创新绩效的影响机制寻找理论突破口。

2.2.1　股权激励对企业 R&D 投入的影响

R&D 投入是企业创新的必要条件，作为一种资源配置过程，其最终由处于企业决策顶端的管理层决定。R&D 投入具有高度不确定性和收益跨周期性等特征，使得注重短期绩效产出的管理层对 R&D 投入往往持消极态度，出现创新动力不足和研发投入决策短视的现象，即 R&D 项目的风险与收益共存的特征赋予了管理者相关决策的投资灵活性，从而使得 R&D 活动过程中的代理问题和风险承担特征更加明显。委托代理理论认为，在两权分离的情况下，管理层会因追求个人收益而选择能够产生短期收益而非股东利益最大化的次优决策[171]。已有研究认为，股权激励通过授予管理层对企业剩余价值索取权而将其个人收益与企业长期发展密切联系在一起，从而激励其投资于利于企业价值增长的长期项目[140]。勒纳和沃尔夫（Lerner & Wulf，2007）、赫尔曼和蒂勒（Hellmann & Thiele，2011）、林等（Lin et al，2011）、陈（Chen，2017）、徐宁等（2019）等国内外学者证实了股权激励能够有效激发管理层进行创新的内在动力[122,163,187,190]。唐清泉等（2009）认为股权激励能够有效抑制管理层自利动机，减少短视行为，促使管理层不断进行研发投资[53]。谭洪涛等（2016）进一步指出，在股权激励的作用下，管理层为了提升企业未来股价，从而获取更多利益，会更加重视 R&D 投入，以确保企业能够在未来竞争中获取竞争优势，实现价值增长[50]。综上所述，国内外学者对股权激励与 R&D 投入之间的关联性基本达成了一致共识，但二者之间具体究竟存在何种影响，国内外学者给出了完全不同的理解。总体而言，目前国内外学者对该问题的主流观点主要是以简森和梅克林（1976）为代表的利益趋同假说和以法玛和简森（Fama & Jensen，1983）为代表的管理层防御假说[147,171]。

2.2.1.1　基于利益趋同假说的股权激励对 R&D 投入的影响

利益趋同假说的研究认为股权激励作用下股东价值和高管个人收益之

间存在着利益趋同效应，进而二者之间的代理冲突能够得到有效缓解，对企业 R&D 投入能够产生正向提升作用。霍尔特豪森等（Holthausen et al.，2004）通过实证检验也发现，随着股权激励强度的提升，企业 R&D 投入不断增大，二者呈现显著的线性关系[167]。吴和涂（2007）发现股票期权对企业研发支出具有显著的正向影响效应，且公司拥有的富余资源越多或业绩越好，则股权激励对研发支出的影响越大[241]。科诺夫等（Knopf et al.，2010）研究认为股权激励所具有的较高的业绩敏感性能够提升管理层风险承担水平，进而促使其加大 R&D 投入[178]。凯宁和威廉姆斯（Kinin & Williams，2012）研究认为股权激励能够显著提升管理层的风险承担能力，从而导致企业 R&D 投入随之增加[177]。舒谦等（2014）研究认为管理层股权激励能够积极影响企业研发投入，显著影响企业长期经营业绩[46]。徐海峰等（2014）通过不同的实证研究也进一步证实了股权激励对于研发投入的积极促进作用[66]。叶陈刚等（2015）发现股权激励对企业研发支出的驱动机制包含风险规避效应与激励效应两个相反维度，最终驱动方向与强度取决于两类效应的博弈[75]。谭洪涛等（2016）在对我国股权激励计划对公司创新的影响研究中发现，股权激励通过对其企业创新过程中管理层与股东之间的代理冲突的积极影响，能够显著改善企业最终的创新产出[50]。而且，国有企业股权激励计划对企业创新的促进程度要好于非国有企业。王栋和吴德胜（2016）从风险承担的视角证实了股权激励对 R&D 投入的正向效应[3]。李强等（2018）则从管理层股权激励的增强期权创造的视角证实了股权激励对 R&D 投入的正向促进作用，支持了利益趋同假说[28]。陈林荣等（2018）研究发现，在基数期内，股权激励实施与否对企业研发支出具有正向影响，但行权期内，公司研发支出强度与股权激励计划显著负相关[1]。也有部分学者通过实证研究发现股权激励与R&D 投入之间并不存在显著的影响关系，如田和陈（Tien & Chen，2012）针对美国 107 家上市企业高管激励与研发投入的实证结果显示，无论是长期激励还是短期激励，均未表现出对 R&D 投入的显著的提升作用[227]。徐长生等（2018）研究发现无论是 OLS 回归还是倾向匹配得分，均证实股权激励对我国企业创新活动没有显著影响[68]。

2.2.1.2 基于管理层防御假说的管理层股权激励对 R&D 投入的影响

管理层防御假说认为管理层持股超过既定水平之后，其对企业的控制不断增强，应对外部监督压力的能力进一步增强，从而产生私利攫取的内在动机，往往会通过增加在职消费或者侵占股东利益等方式对企业价值造成负面影响[147]。别布邱克等（Bebchuk et al.，2003）则指出股权激励作为一种管理层薪酬激励方式成为管理层寻租行为的主要工具[106]。

不管是利益趋同假说还是管理层防御假说，大部分学者的研究发现股权激励与 R&D 投入之间呈现线性相关，然而在具体的线性方向上存在着正向和负向两种不同的结论。近年来部分学者认为利益趋同效应和管理层防御效应共同作用于股权激励与 R&D 的影响过程中，而使得二者之间呈现出非线性关系。如本斯等（2002）认为，过量的管理层股权激励非但不会刺激 R&D 投入水平的提升，反而会由于管理层承担了过高的风险而导致其产生更加短视的决策行为，从而，对 R&D 投入产生负面影响[109]。拉佐尼科（Lazonick，2007）研究发现股权激励对企业 R&D 投入存在着区间效应[185]。上述论点也得到了国内诸多学者的证实，比如徐宁等（2013）研究发现股权激励能够促进 R&D 投入水平的提高，但二者之间存在倒"U"型关系，即管理层股权激励在一定强度之内能够显著正向地影响 R&D 投入，一旦超过这个强度，这种积极影响将变成负面影响，R&D 投入随着股权激励强度的提高递减[67]。陈修德等（2015）和陈华东（2016）等学者以中国上市公司数据样本证实了管理层股权激励与企业创新投入之间呈现显著的倒"U"型关系[13][11]。

2.2.2 股权激励对企业技术并购的影响

随着全球技术更新速度的加快，如何进一步缩短从 R&D 投入到创新产出的周期，降低 R&D 投入的不确定性和风险性成为当前企业在激烈的市场竞争中实现创新突破，赢得竞争的关键[51]。因此，以技术并购为主要手段的外部 R&D 投入活动成为更多企业的创新战略选择[248]。然而，哈佛和李（Harford & Li，2007）指出并购决策作为 CEO 所承担的最重要的资源配置决策，也是一项具有不确定性的净现值项目，能够改变企业的经营现状，增加企业风险[160]。具体而言，并购作为风险性投资能够使 CEO 暴露于特定的风险中，比如并购失败被解雇的风险以及并购失败决策导致企业可能成为竞争对手或者其他企业潜在的收购目标的风险[205]。

当前以下两个原因使得管理层激励和并购决策的影响关系成为近年来学术界关注的热点话题。首先，与其他任何公司投资活动相比，并购活动中的代理冲突更加明显，因此企业并购是十分理想的检验管理层风险激励与风险投资行为之间影响关系的媒介。其次，尽管并购活动能够增加包括以股权薪酬为主的 CEO 在内的利益相关者的财富，然而，其也可能会造成企业价值的损失，因此，对于损失厌恶偏好的 CEO 而言，只有在被授予高强度的风险激励的情况下，其才可能具有进行类似的风险投资决策的内在动机。尤其是第三次并购浪潮以来逐渐形成的多元化并购模式，更加引起了学者们对管理层风险激励与多元化并购关联性的研究兴趣。埃德曼斯和加拜克斯（Edmans & Gabaix，2011）研究发现，股权激励的"凸性"将管理层的个人收益与股东利益捆绑在一起，激发了他们对并购等风险投资活动的积极性，从而管理层股权激励与并购决策之间呈现出显著的正相关关系[143]。与此同时，哈根多夫和瓦拉斯卡斯（Hagendorff & Vallascas，2011）通过美国银行并购案例研究，证实 CEO 的薪酬—风险敏感性越强，其越有可能参与风险性并购活动[157]。柯洛茨和佩特梅萨斯（Croci & Petmezas，2015）从美国上市公司的并购研究中进一步证实了 CEO 风险激励对公司并购行为的积极影响[130]。拉赫卢和纳瓦特（Lahlou & Navatte，2017）研究认为与激励强度较低的管理者相比，激励强度较高的管理者能够做出更科学的并购决策[181]。林等（Lin et al.，2018）证实了管理层风险激励对企业并购决策和不同并购类型的并购绩效的正向影响。

近年来，创新领域的部分学者关注了管理层风险激励与技术并购的影响关系问题。如詹姆斯（James，2002），乌本等（Wubben，2016）等研究指出技术并购作为一种创新驱动型并购活动，能够快速提升收购方企业的价值创造能力，然而与内部 R&D 投入相比，其高昂的交易成本以及高度复杂和充满不确定性的并购后整合过程对管理层的风险承担能力提出了更高的要求，对此，能够缓解技术并购中决策者与股东之间的代理冲突并提升管理者的风险承担能力的股权激励计划的实施，将激发管理层产生实施利于企业长期发展的技术并购活动的内在动机[169,243]。

国内也有部分学者对管理层激励与并购决策的影响进行了初步研究。李善民（2009）以1999~2007年上市公司为样本，从管理者私有收益的角度，研究了高管持股与企业并购行为的关系。其研究发现，在当时的环境下，高管持股能够有效抑制高管以谋取私有收益为目的而发动毁损股东价值的并购行为[29]。张向旺等（2012）基于公司治理视角研究了股权激励与企业并购类型的关系，研究发现二者呈负相关关系[84]。姚晓林和刘淑莲（2015）对上市公司CEO股权激励与并购决策的影响关系问题展开了深入研究，他们发现CEO股权激励能够激励管理层的并购行为，而且，这种积极的影响仅限于过度自信的CEO，而作为公司治理核心机制的董事会能够显著影响CEO股权激励与并购决策之间的关系[74]。杜跃平、徐杰（2016）基于美国上市银行1998~2014年的数据进一步证实了股票期权激励对并购决策的积极影响，并发现代理成本对股票期权激励与并购决策的关系存在部分中介效应[15]。

尽管部分学者对股权激励与企业并购活动的相关关系取得了初步认识，但其研究主要从企业并购活动整体视角出发，讨论股权激励对企业并购决策的影响，鲜有学者关注具体并购类型下的相关关系，特别是对当前较为活跃的技术并购活动，尚未得到更多关注。从当前中国的创新实践来看，技术并购已成为企业实现技术突破，提升创新水平的重要方式[203]。特别是对于中国企业而言，随着国家创新驱动发展战略的实施以及供给侧结构性改革的深入，越来越多的企业开始通过技术并购方式快速提升企业创新能力。因此，中国情境下股权激励对技术并购这种外部创新投入方式的影响机制亟待理论上的完善和丰富。

2.2.3 股权激励对企业创新绩效的影响

大量研究证实，股权激励通过对代理冲突的有效治理，能够提升企业

R&D 投入水平。然而，R&D 投入的提升能否促进企业创新绩效受到较多因素的影响，如行业特征、市场环境以及企业素质等因素均被认为能够显著影响 R&D 投入与创新绩效的关系[49]。但股权激励对企业创新绩效是否存在显著影响是个值得关注的问题，引起了国外学者的广泛关注。大部分学者认为股权激励对企业创新绩效存在着正向影响。如勒纳和沃尔夫（2007）基于美国 R&D 密集型企业的相关研究发现研发部门进行管理层股权激励后专利数量呈现正比例增长[187]。林等（2011）根据世界银行 2000～2002 年对中国 18 个城市的 1088 家制造企业调查数据实证检验了管理层股权激励对企业创新产出的影响效果，其研究发现管理层股权激励与企业创新投入和产出都存在显著的影响[190]。布兰和桑亚尔（Bulan & Sanyal，2011）研究发现实施股权激励之后，企业专利数量呈现明显增长，也就是说，股权激励对企业创新产出呈现出了显著的提升作用[116]。在此后的研究中，弗朗西斯等（Francis et al.，2011）、常等（Chang et al.，2015）以及比格斯塔夫等（Biggerstaff et al.，2019）等学者均证实了高管股权激励对企业创新绩效的积极影响[112,119,151]。谢赫（Sheikh，2012）也研究证实了 CEO 激励的薪酬敏感性与企业创新产出的显著正相关关系。金等（Kim et al.，2017）研究指出由于股权激励的价值取决于企业长期绩效的实现，从而股权激励能够积极地影响企业创新绩效[176]。阮（Nguyen，2018）研究发现 CEO 所持有的未行权股权激励所产生的长期激励会积极影响来自创新行业、竞争性产品市场以及易被恶意收购行业的企业的创新绩效[210]。

随着股权激励的不断发展，更多企业开始尝试在员工等非管理层方面推行股权激励，这一现象引起了广泛关注。比如，科尔和瓜伊（Core & Guay，2001）研究认为企业采用股权薪酬代替现金薪酬，能够有效缓解资本需求压力和现金约束，同时实现吸引和挽留部分员工的目的，并且最终能够提升企业的价值产出[129]。博瓦（Bova，2014）认为，持有自己公司股票的员工具有很强的降低公司风险的内在动机，这主要是因为，他们都是风险厌恶型的人而且股权激励将其个人财富与其雇主紧密地联系在了一起[114]。方等（Fang et al.，2015）研究发现实施员工股权激励的企业具有短期的正向市场反应和更好的业绩表现[148]。基于员工股权激励的这种特点，越来越多的企业开始推行员工股权激励并取得了良好的效果。对于创新型企业而言，高管与核心员工都是企业创新活动中的直接参与者，高管是企业创新生产要素的组织者和推动者，其影响更多地体现在 R&D 投入等战略决策环节。而核心员工则是企业创新行为的执行者，其努力程度和工作效率直接影响企业的创新产出。因此，部分学者开始从员工激励的视角研究核心员工股权激励对企业创新绩效的影响。如常等（2015）研究发现，当员工对企业创新更加重要，员工之间搭便车行为较少，员工股权激励范围更广，期权行权周期更长等条件满足时，股权激励能够对企业创新产生显著的正向作用；进一步研究发现，员工股权激励对企业创新绩效的积极作用是基于风险型激励实现的，而非由于股票期权波动产生的绩效激励[119]。王（2016）在对中国台湾企业的案例研究中发现直接的员工股权激励对企业创新绩效存在显著的滞后影响[236]。

尽管股权激励制度在我国起步较晚，随着股权激励与企业创新关系研究的深入，有关股权激励与企业创新后果关联性的相关研究成为当前国内理论研究的热点之一。但当前国内已有研究主要从管理层股权激励与企业创新绩效之间的直接关系着手展开研究。如谭洪涛等（2016）借助多种实证方法证实股权激励制度能够提升企业创新产出[50]。李丹蒙和万华林（2017）研究发现，与对照样本相比，在股权激励方案实施后，样本公司专利授予量显著增加[27]。田轩和孟清扬（2018）也证实管理层股权激励计划对于企业创新产出具有显著的促进作用[54]。刘宝华和王雷（2018）基于中国上市公司 2006～2014 年股权激励计划相关数据证实了业绩型股权激励对企业创新绩效的提升作用[37]。朱德胜（2019）研究发现股权激励能够促进企业创新产出水平，但环境不确定性会对这种促进作用产生显著的抑制效应[92]。尽管上述研究均证实了股权激励对企业创新产出的促进作用，但鲜有学者对其具体的作用路径展开讨论。另外，我国股权激励机制自正式实施以来，一个显著的特点是管理层股权激励与员工股权激励同时存在[14]。尤其随着混合所有制改革战略的实施逐渐进入深水区，员工持股计划成为国有企业改革的重要工作之一。因此，企业创新过程中的核心员工股权激励的有效性问题成为学者们探讨的热点话题。如姜英兵

（2017）指出，对于创新型企业而言，管理层作为决策者主要通过 R&D 投入等资源配置行为实现对企业创新绩效的影响，而作为企业研发活动和研发计划的直接参与者和执行者，核心员工对企业创新能力和创新产出水平具有直接作用[24]。姜英兵（2018）进一步指出，核心员工股权激励对创新产出的积极影响要好于管理层股权激励，具体而言，核心员工股票期权模式对创新产出的正向关系要好于限制性股票[25]。赵息和林德林（2019）基于中国高科技上市公司数据，从激励对象视角考察了股权激励与企业创新绩效的关联性。其研究发现，核心员工股权激励在改善企业绩效中的作用显著好于管理层股权激励，而内部 R&D 投入是管理层股权激励与企业创新绩效之间的中介变量，起到了部分中介作用，而在核心员工股权激励与企业创新绩效之间则呈现显著的调节效应[7]。

2.2.4　研究评述

通过回顾和梳理上述文献可以看出，现代企业制度下，股权激励是企业应对创新环境变化，有效提升内在创新动力的制度保障。在当前我国全面贯彻落实创新驱动发展战略的现实背景下，我国学者在股权激励及其与企业创新关系等方面的研究在数量和质量上不断提升。在研究方法上实现了从范式研究向实证研究的转变，极大地丰富了我国公司治理与企业创新关系的研究文献。尽管股权激励与企业创新相关研究已取得初步成效，但有关股权激励与企业创新的理论研究和实践应用中仍存在大量问题需进一步解决，具体表现在以下几方面。

（1）从股权激励对企业 R&D 投入的研究现状而言，股权激励与 R&D 投入的关系尚未达成共识，相关研究还需深入。一方面，已有研究主要基于"利益驱动假说"和"管理层防御假说"对股权激励与 R&D 投入的影响关系展开研究。这种研究理论基础的不同导致了股权激励与 R&D 投入的争议性结论的产生：前者认为股权激励与 R&D 投入存在线性关系，但影响方向并不确定；后者则认为股权激励与 R&D 投入呈现显著的倒"U"型关系。因此，股权激励究竟如何影响企业 R&D 投入亟待现实的调查和理论上的回答。另一方面，已有研究更多借鉴国外学者的研究思路对我国股权激励与 R&D 投入的影响关系展开研究，忽略了我国产权制度安排以及内外部治理环境与发达国家的异质性。尤其是，当前我国股权激励制度尚处于快速成长期，显然，这种动态变化的股权激励制度与国外相对成熟稳定的股权激励制度相比，对 R&D 投入的治理效应也会存在显著不同。由此可见，中国情境下股权激励对 R&D 投入的治理效应仍需进一步论证。另外，股权激励对企业创新活动的治理作用主要是基于其对企业风险承担能力的提升和内部代理冲突的缓解而实现的。因而对管理层风险承担能力具有显著影响的企业规模、财务资源冗余[76,86,221]，以及对企业内部代理问题具有显著影响的股权集中度[222]等因素必然对股权激励的治理后果产生显著影响，从而必然对股权激励与 R&D 投入的影响关系产生一定的约束效应，但已有研究中还鲜有学者对此展开研究和讨论。

（2）从股权激励与技术并购的研究现状而言，股权激励与企业技术并购关联性研究有待深入。回顾已有研究，R&D 投入是企业最基础的内部研发方式，而技术并购、许可证交易、技术协议等方式则成为当前企业在技术革新不断加速背景下突破创新边界、快速提升研发能力的重要创新战略选择[51,203]。尤其对国内企业而言，在当前供给侧结构性改革背景下，技术并购也已经成为创新型企业快速弥补创新短板的重要外部创新策略。在已有研究中，股权激励通过对企业内部 R&D 投入内在的代理问题的治理和对管理层风险承担能力的积极作用，对 R&D 投入产生显著的激励效应，但其对技术并购等外部创新活动是否存在同样的治理作用有待现实与理论上的论证。从已有研究来看，尽管部分学者从多个视角论证了股权激励对企业并购活动的作用效果，但其主要从企业并购活动的整体出发，考察了股权激励对企业并购决策行为的影响，而有关股权激励与技术并购这一创新驱动型并购活动的关系还未得到充分论证。尤其是国内有关股权激励与企业并购活动的研究尚不充分，而有关股权激励对技术并购的影响问题的研究更是凤毛麟角。

（3）从股权激励与创新产出的研究现状来看，股权激励对企业创新绩效的作用效果与实现路径问题的研究有待深化。当前已有研究主要沿着

"激励—结果"的逻辑思路就股权激励与企业创新绩效的直接关系展开讨论，并就股权激励的创新绩效提升效应达成了共识，而其具体实现路径问题尚未得到广泛讨论。同时，随着企业竞争环境的动荡，企业间的技术竞争日益激烈，尤其是掌握核心创新技术的核心人才成为企业赢取创新竞争的关键。在此背景下，核心技术员工股权激励成为各企业挽留、吸引和激励核心技术员工的最佳方式。但综合现有研究，有关核心员工股权激励的作用后果的研究还尚不充分，尤其鲜有研究将管理层股权激励与核心员工股权激励对企业创新绩效的影响放入到统一框架内展开讨论。

针对上述研究不足，本书将结合我国企业股权激励和创新发展的现状展开全面讨论。自 2007 年股权分置改革至今，股权激励在我国的应用已超过了十年之久。在此期间，股权激励制度在我国得到了充分发展，同时随着我国市场经济不断发展，股权激励所赖以生存的资本市场环境不断改善，公司治理机制日臻完善，股权激励在企业创新领域的治理作用日益凸显。但股权激励对企业创新活动究竟存在何种影响、影响程度如何以及影响方式如何等相关问题亟待系统性和全面的论证。为此，遵循"激励—行为—后果"的研究逻辑，本书基于 2007 年股权分置改革以来实施股权激励的上市公司相关数据，对上述问题展开深入的实证研究。具体地说，本书将通过拓展已有研究视角，进一步论证股权激励与内部 R&D 投入的非线性关系，并尝试将当前日益活跃的技术并购纳入到股权激励与创新投入的研究框架中来，将股权激励对企业创新活动的影响研究从企业创新边界的内部延伸到外部，进一步丰富股权激励与企业创新投入关系的研究内容。为了进一步完善股权激励对企业创新绩效的研究内容和视角，本书将首次从激励对象视角出发，将管理层股权激励与核心员工股权激励纳入到统一的研究框架内展开讨论，将企业委托代理问题从管理层延伸到员工层，通过比较管理层股权激励与核心员工股权激励在影响企业创新绩效方面的不同作用，拓展和丰富了股权激励的创新激励有效性研究文献。此外，本书将以内部 R&D 投入为基础创新路径，通过检验 R&D 投入在管理层股权激励与核心员工股权激励影响创新绩效中的不同作用，揭示了股权激励影响企业创新绩效的路径。并通过分组检验，对比 R&D 投入、技术并购以及 R&D 投入与技术并购组合三种创新路径下股权激励对企业创新绩效的作用效果，进一步揭示了股权激励在改善企业创新绩效方面的路径依赖性。

本书对上述问题的研究一方面有助于理解近年来委托代理理论和公司治理理论在中国情境下多个层面上的动态演进趋势，尤其从完整的企业创新过程视角进行了全新的审视与解读；另一方面对我国股权激励制度的得失提供了客观有益的判别视角。

2.3　本 章 小 结

本章详细阐述了本书涉及的基础理论，包括创新理论、委托代理理论、人力资本理论、企业激励理论、风险承担理论以及高阶梯队理论。从创新投入和创新产出两个视角对现有文献进行了梳理和评述。

创新理论为本书从企业创新制度建设的视角研究股权激励对企业 R&D 投入和产出的影响提供了必要的理论依据。委托代理理论认为代理问题成为当前大多数企业在现代企业制度下面临的重要的内部治理问题，尤其是代理问题导致的管理层短视问题，严重地阻碍了公司长期发展战略的制定和实施。在当前技术更新日益加速，技术创新逐渐成为企业赖以生存的战略方式的背景下如何有效规避两权分离导致的企业内部代理问题，显著改善企业创新动力不足的问题成为当前理论和实践领域的重要课题之一。人力资本理论是本书从管理者及核心员工两个维度探讨股权激励对企业创新绩效的影响效应的重要的理论依据。现代企业激励理论从经济学与管理学视角下为本书从新的视角探讨股权激励与企业创新活动的影响机制问题提供了坚实的理论指导。风险承担理论则指出，在两权分离背景下，管理层风险态度是影响企业创新活力的重要影响因素，不论是探究股权激励与企业 R&D 投入的影响关系，还是考察股权激励与企业创新产出的作用后果，管理层风险承担都是无法回避的关键问题，因此风险承担理论贯穿于本书研究的全部过程，是本书研究的重要理论支撑。高阶梯队理论为本书考虑企业内外部环境因素对股权激励实施效果的影响提供了理论指导。

　　本章通过对关于股权激励与企业创新活动的联系的现有文献的回顾和梳理，认为当前国内外对于股权激励与企业创新投入和产出的研究需要进一步深入，尤其是对中国情境下股权激励与企业内、外部创新投入及创新产出的影响的研究还需完善和深入。基于已有研究成果，本书以沪深 A 股实施股权激励的上市公司为数据来源，遵循"激励—行为—后果"的研究逻辑对上述问题进行实证研究。

第 3 章　制度背景与理论分析

本章对选题相关的制度背景和内在理论进行回顾和梳理，主要包括制度背景和理论分析两部分内容。制度背景部分简要回顾我国股权激励计划的历史沿革和实施现状，并阐述我国企业创新活动的发展现状；理论分析部分深入分析股权激励对企业创新活动产生影响的作用机理和传导路径，从而构建本书的理论框架。

3.1　我国股权激励制度的历史沿革与实施现状

3.1.1　我国股权激励制度的历史沿革

股权激励最早诞生于 20 世纪 50 年代的美国，经历半个多世纪的不断完善和迅速发展，这一长期薪酬激励制度在美国市场取得了巨大成功，其在 20 世纪 90 年代美国经济的持续高速发展中发挥了重要作用。随着现代公司治理机制下所有权与控制权的分离，由此导致的委托代理问题成为诸多企业面临的重要现实问题，而股权激励的实施则能够缓解上述代理冲突，有效降低代理成本，并通过实现管理层私人收益与企业长期效益的捆绑，提升企业绩效[171]。股权激励的这一重要的治理效应，掀起了一股全球性的股权激励实施的浪潮，包括英国、法国和日本等国家以及中国香港纷纷效仿，大力推行股权激励计划，并取得了积极的效果。股权激励因此被许多学者认为是现代企业管理理论中重大的激励机制创新。相关统计表明，美国九成以上的上市公司推行了股权激励计划，欧洲市场中超过80%的上市公司实施了股权激励计划。① 然而，随着安然事件等财务欺诈事件的爆发，股权激励制度潜在的相关问题开始引起了大量的关注，股权激励制度的积极作用开始受到一定质疑。美国政府加速通过了《萨班斯—奥克斯利法案》（Sarbanes—Oxley Act）通过不断强化信息披露，加强会计监督，实现上市公司治理机制的不断完善。然而，该法案颁布之后，美国上市公司中管理层股权薪酬在总薪酬的比重依然超过了50%[117]，这进一步表明了美国上市公司对股权激励制度的广泛认可。

从股权激励制度在美国的发展历程来看，其先后经历了限制性股票激励（1950～1975 年）、股票增值权激励（1976～1991 年）以及期权激励（1992～2011 年）三大阶段。这三大阶段实际也是股权激励制度在美国从兴起、发展到成熟的过程。尤其是 20 世纪 90 年代以"互联网"为代表的美国新兴经济的快速发展，使得市场竞争加剧，在这种背景下，管理层风险规避行为的存在成为了影响企业抢占市场先机的重要阻碍之一。对此，股票期权激励的实施，既能缓解企业资金短缺的问题，同时也将激励对象的未来收益与公司未来发展捆绑在一起，从而降低代理成本，实现激励相容的最终目的。因此，这一阶段美国股票期权激励制度得到了爆炸式的发展，同时这一激励制度的实施也改变了美国职业经理人的财富积累方式。另外，安然事件等财务欺诈事件的爆发也引发了人们对于会计披露质量的关注。以此次事件为契机，2014 年，美国财务会计准则委员会（FASB）对 FAS123 进行修订，要求股票期权费用化。相关研究认为股票期权的费用化带来了限制性股票的扩张[208]。综上所述，美国股权激励制度是基于相对完善的资本市场建立起来的，经过半个多世纪的发展已经逐渐成为现代企业管理背景下，缓解代理冲突的有效激励工具。

相比之下，我国股权激励制度的发展起步较晚，具体可以以 2006 年

① 吴晓求等. 中国资本市场三十年：探索与变革 ［M］. 北京：中国人民大学出版社，2021.

的股权分置改革为界限，在此之前，为探索和尝试阶段。由于彼时我国资本市场尚处于起步阶段，公司治理体系尚处于极不完善阶段，股权激励相关的政策法规尚不健全，因此其难以在较大范围内推行。此外，由于当时《中华人民共和国公司法》（以下简称《公司法》）禁止企业回购本公司发行股票①，从而在很大程度上阻碍了股权激励的大规模推行和适用。

以《上市公司股权激励管理办法（试行）》（以下简称《试行办法》）为标志，从 2006 年开始，股权激励制度在我国得以正式实施。《试行办法》对我国股权激励制度实施的具体实现方式、内容以及其他相关制度作了明确的规定，进一步明确了股权激励制度在我国推行和发展的具体方向。为了进一步规范股权激励的实施过程，2008 年证监会先后颁布 1～3 号《股权激励有关事项备忘录》（以下简称《备忘录》）。《试行办法》与《备忘录》等规章制度的出台，在标志着股权激励制度在我国正式确立的同时，也为股权激励制度在我国的快速发展奠定了政策基础。

《试行办法》正式颁布以来，我国资本市场逐渐成熟，股权激励制度在这一发展和探索阶段不断推进，相应体系不断成熟。为了进一步加强市场监管，实现股权激励制度的市场约束的有效性，2016 年 7 月，证监会公布《上市公司股权激励管理办法》。该办法围绕"宽进严管"的监管理念，实现了我国股权激励的制度规范和法律依据的进一步完善。该办法的实施标志着我国股权激励制度从高速发展的成长阶段进入了制度体系趋于成熟，市场导向更加明确的崭新阶段。随着 2013 年《中共中央关于全面深化改革若干重大问题的决定》正式提出要积极发展混合所有制经济，积极推进员工持股，股权激励在未来国企改革中将发挥重要作用，成为我国重要的公司治理机制，迎来了新的发展契机。

---

① 修订前的《公司法》规定："公司不得收购本公司的股票，但为减少公司资本而注销股份或者与持有本公司股票的其他公司合并时除外"。修订后的《公司法》于 2006 年 1 月 1 日正式施行。修订后的《公司法》对公司采取回购本公司股票来奖励员工作出了具体规定。

3.1.2　股权激励制度的实施现状

本书基于国泰安数据库（CSMAR）自 2006 年股权分置改革以来的沪深 A 股上市公司股权激励的相关统计数据，从整体发展趋势、股权激励模式变化、行业分布情况等方面对股权激励制度在我国的发展情况进行全面的概述，以充分了解其发展现状。

3.1.2.1　上市公司股权激励发展的年度趋势分析

图 3-1 反映了股权分置改革（2006）以来，我国沪深 A 股上市公司中试行股权激励的企业数量的发展趋势。

如图 3-1 所示，从《上市公司股权激励管理办法（试行）》正式实施以来，除了 2009 年受 2008 年资本市场震动的影响导致实施股权激励的企业数量出现下降之外，2010 年至 2017 年，沪深 A 股上市公司中实施股权激励的企业数量呈现稳步增长趋势。需要说明的是，随着 2016 年《上市公司股权激励管理办法》的正式实施，我国股权激励相关政策体系实现了进一步的修订和完善，以此为标志，股权激励制度在我国正式进入了一个新的发展阶段，受此影响，2017 年实施股权激励的企业数量比上年度增长了 37%。2018 年较上一年度则略有下降。尽管 2019 年新冠肺炎疫情暴发，但实施股权激励的企业数量保持了稳定增长，显示了我国上市公司治理环境持续向好的良好态势。此外，受资本市场波动和政府监管的影响，各年度实施股权激励的企业数量存在显著差异。造成这一现象的主要原因在于大量的上市公司的股权激励计划因股权大会或证监会未通过而放弃，也有部分公司因为股权激励方案内容的设计问题而停止实施，如行权价格过高、公司业绩未达行权条件或与公司其他发展战略发生冲突等。总体而言，股权激励计划自正式推出以来，对我国资本市场产生了积极影响，实现了稳定发展，这也从侧面表明，股权激励逐渐成为我国上市公司主要的治理机制。

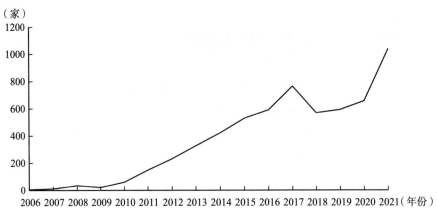

图 3-1　　2006~2021 年沪深 A 股上市公司实施股权激励企业数量的年度趋势

资料来源：国泰安数据库（CSMAR）。

3.1.2.2　上市公司股权激励模式的变化

自 2006 年《上市公司股权激励管理办法（试行）》实施以来，限制性股票、股票期权以及股票增值权成为我国沪深 A 股市场主要的三种股权激励模式。表 3-1 为 2006 年至 2021 年期间沪深 A 股市场中上述三种股权激励模式的实施情况。

表 3-1　　　　2006~2021 年我国上市公司股权激励模式的选择情况　　　单位：家

年份	实施股权激励企业数量	限制性股票	股票期权	股票增值权
2006	5	0	5	0
2007	11	2	8	1
2008	31	6	21	4
2009	23	5	18	0
2010	52	14	38	0
2011	139	35	99	5
2012	206	78	125	3
2013	278	148	129	1
2014	357	222	134	1

续表

年份	实施股权激励企业数量	限制性股票	股票期权	股票增值权
2015	466	327	139	0
2016	510	398	111	1
2017	703	579	121	3
2018	569	457	110	2
2019	593	427	166	0
2020	657	474	182	1
2021	1039	776	263	0

资料来源：国泰安数据库（CSMAR）。

从表 3-1 可以看出，2006 年至 2012 年期间实施股权激励的上市公司中，大部分企业选择股票期权激励为方式，少部分企业采用了限制性股票激励方式，极少数企业选择了股票增值权激励方式。但从 2013 年开始，这种情况发生改变，选择限制性股票激励模式的企业数量首次超过了股票期权模式，并在随后四年呈现稳步增长。这一现象表明，随着我国股权激励实践的不断深入，限制性股票在企业中的治理作用超越股票期权，逐渐被更多企业认可，成为最受欢迎的股权激励模式。这一点也得到了部分学者的支持，如余海宗等（2015）、杨力等（2016）、赵息等（2016）[72,79,86]。

这种现象的发生一方面可能是由于股票期权和限制性股票激励机制的差异造成的。与股票期权相比，限制性股票的激励对象的覆盖范围更广，从高层管理者到企业核心员工都能够适用这一激励方式。此外，大量实践表明，限制性股票激励模式能够给企业带来更为明显的激励效果。另一方面，安然事件等财务丑闻的出现，使得股票期权受到越来越多的企业的质疑，因而，众多公司开始关注并推行限制性股票激励模式。由于股权激励在我国起步较晚，尤其是在 2013 年以前，我国对股权激励尚处于探索阶段，此时的股权激励更多是"福利型"激励手段，并未起到既定的激励目的。

3.1.2.3 上市公司股权激励强度情况

图 3-2 呈现了 2006～2021 年沪深 A 股上市公司股权激励强度的年度变化情况。本书通过沪深 A 股实施股权激励的企业的激励授予人数的年度均值和股权激励授予总量在公司总股数占比的年度均值两个重要指标，描绘我国上市公司股权激励强度在近十五年间的变动发展趋势。

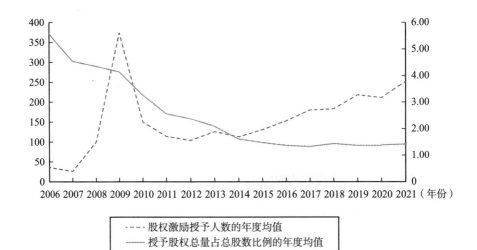

图 3-2　2006～2021 年沪深 A 股股权激励强度年度趋势

资料来源：国泰安数据库（CSMAR）。

从股权激励授予人数的年度均值来看，2006～2009 年上市公司股权激励的授予人数迅速上升。这主要是因为在这一阶段我国正处于市场经济转型的深水时期，资本市场监管体系尚不健全，因此，《上市公司股权激励管理办法（试行）》颁布以来，大量的企业纷纷响应，全面试行股权激励计划。但在这一阶段也暴露出了如行权条件较低、操纵财务数据和股价、股权激励规模偏高、激励方案设计被高管控制且擅自修改等诸多问题，导致该阶段的股权激励沦为了部分企业高管攫取私利，进行利益输送的工具。因此，这一阶段的股权激励无论是从激励的人数上还是授予股权数量上都处于虚高的阶段。为了遏制上述现象，2008～2009 年期间证监会、财政部等监管部门先后出台了一系列相关规定和政策联合发布了对股权激励实施过程中存在的一系列违规现象从严治理，如 2008 年颁布了 1～3 号《股权激励有关事项备忘录》以及《关于规范国有控股上市公司实施股权激励制度有关问题的通知》。在这些政策的影响下，2010 年各企业股权激励的人数开始显著下降，股权激励计划开始从"重量不重质"向"重质重量"转移。2013 年随着国家开始推进混合所有制改革，着力引导各企业推行员工持股计划，股权激励人数开始稳步增长。

从图 3－2 中可以看出，2006～2021 年各企业授予股权激励的股权总量在总股数中的比重稳步下降，年度均值从 2006 年的 5.57%，逐步下降到 2021 年的 1.42%。造成这一现象的主要原因，一方面在于证监会等市场监管部门不断加强市场监督力度，严格各企业股权激励方案的审核审批工作；另一方面随着我国公司治理环境不断优化，股东监督权的不断提升，导致各企业在制定股权激励计划时更加的慎重。

3.1.2.4　各行业股权激励情况对比

本书根据证监会《上市公司行业分类指引》（2012 年修订）中的行业大类，分析沪深 A 股上市公司各行业股权激励的实施现状。表 3－2 为各行业 2006～2021 年实施股权激励的企业数量的累计统计分布。从表 3－2 可以看出，2006～2021 年期间实施股权激励的企业数量累计统计量最多的前三个行业分别是制造业，信息传输、软件和信息技术服务业和批发和零售业，其中，制造行业中在上述期间实施股权激励的企业数量累计达到了3989 家，信息传输、软件和信息技术服务业为 865 家，批发和零售业为168 家。

表 3－2　　2006～2021 年各行业实施股权激励企业数量的累计统计　　单位：家

排名	行业名称	实施股权的企业数量
1	制造业	3989
2	信息传输、软件和信息技术服务业	865

排名	行业名称	实施股权的企业数量
3	批发和零售业	168
4	房地产业	149
5	科学研究和技术服务业	119
6	建筑业	113
7	水利、环境和公共设施管理业	90
8	租赁和商务服务业	87
9	交通运输、仓储和邮政业	61
10	文化、体育和娱乐业	48
11	电力、热力、燃气及水生产和供应业	47
12	农、林、牧、渔业	38
13	卫生和社会工作	28
13	采矿业	28

资料来源：根据国泰安数据库（CSMAR）相关数据整理所得。

　　无论是制造业还是信息传输、软件和信息技术服务业，都属于高竞争性和知识密集性行业，在整个国民经济发展中发挥着支柱作用。另外，这两个行业也是研发密集行业，对于核心技术人员的依赖性较高。股权激励制度在这两个行业中能够充分地发挥其所具有的高度认同性、长效激励性和人才约束性等作用。因此与其他行业相比，这两个行业对股权激励的依赖性更大。此外，数据显示，房地产行业实施股权激励企业数量仅次于批发和零售业，这主要因为该行业的市场化程度较高、行业竞争较为激烈，人才流失率较高，因此比较适合推行股权激励制度，从而股权激励在该行业的应用也较为普遍。

　　通过对我国股权激励历史沿革以及发展现状的综述，我们不难看出，虽然股权激励在我国的发展起步较晚，但发展迅速，已经逐渐成为我国上市公司重要的公司治理机制之一。随着我国股权激励制度的不断实践，其在我国的发展已经从成长阶段进入到成熟阶段。我国企业在股权激励的使用上更加的理性和科学。当前大多数企业能够在股权激励内容设计时，结合企业所在行业特点以及自身战略发展的需要，更加科学合理地选择激励模式，确定最佳的股权激励强度，使股权激励真正地成为企业战略发展的辅助工具。股权激励在我国的不断发展，也对其在公司治理过程中的相关问题的理论研究提出了进一步需求，因此，本书的研究具有一定的现实必要性。

3.2 我国企业创新现状分析

随着经济全球化和技术更迭速度的加快，创新成为企业获取和维持竞争优势的重要途径，也是一个国家经济增长的根本动力所在。尤其是对我国而言，创新是赶超发达国家的重要途径之一。新形势下，创新已经成为解决我国当下经济发展困境，实现全面可持续发展和绿色发展的重要路径。党的二十大明确必须坚持科技是第一生产力、人才是第一资源、创新是第一动力，深入实施创新驱动发展战略，不断塑造发展新动能新优势。2014 年"大众创业，万众创新"的提出，更是在全民范围内掀起了创新创业的新浪潮，创新成为学术界关心的热点话题，其中关于如何实现企业创新目标和提高企业创新绩效是当前创新研究领域的焦点话题之一。本节将从创新环境、创新投入与创新产出三个方面对我国企业当前的创新活动的现状展开分析。

3.2.1 我国企业创新环境现状

3.2.1.1 我国创新环境日臻完善

科技创新是我国实现可持续发展，提升国家国际竞争力的关键力量和锐利武器，已成为我国现代化建设和实现"两个一百年"奋斗目标中的核心驱动力。在新中国成立至今 70 多年的辉煌发展历程中，我国先后经历了从"向科学进军"到"科学的春天",从"科教兴国战略"到"创新驱动发展战略",从"创新型国家"到"世界科技强国",从"科学技术是第一生产力"到"以科技创新为核心的全面创新"再到"创新发展新理念的提出"等多个阶段的国家创新理念的发展过程。在这一系列创新战略理念的指引下,我国的科技事业逐渐实现了从奠定基础、打破封锁、建立体系,到改革开放、奋起直追、全面提升,再到自主创新、重点跨越、塑造引领等全面发展。

党的十八大以来,我国将科技创新摆在国家发展全局的核心位置,将其作为提高社会生产力和综合国力的战略支撑,形成了从创新理念、创新纲要、创新规划到创新行动的完整的国家创新理论体系和行动纲领。2012年,党的十八大正式提出实施创新驱动发展战略。2015年,党的十八届五中全会进一步提出了创新、协调、绿色、开放、共享的新发展理念,把创新作为国家发展的基点,使之成为引领社会和经济发展的第一动力。2016年,《国家创新驱动发展战略纲要》进一步明确提出了科技创新"三步走"战略目标:2020年进入创新型国家行列,2030年创新竞争力达到创新型国家前列,2049年进入世界科技创新强国之列。2017~2019年连续三年的《政府工作报告》都围绕创新驱动发展战略作出了针对性的战略部署,国家创新体系进一步形成并不断完善。党的十九大报告进一步强调创新是引领发展的第一动力和建设现代化经济体系的战略支撑。2017年国务院发布了《关于强化实施创新驱动发展战略,进一步推进大众创业万众创新深入发展的意见》,为实现创新创业生态环境的系统性优化,强化政策供给,为突破发展瓶颈,充分释放全社会创新强能提供了政策支持。2019年的《政府工作报告》中强调要坚持创新引领发展,培育壮大新动能。在2020年召开的党的十九届五中全会中,我国进一步强调"坚持创新在我国现代化建设全局中的核心地位,把科技自立自强作为国家发展的战略支撑"。2021年《政府工作报告》强调要依靠创新推动实体经济高质量发展,培育壮大新动能,促进科技创新与实体经济深度融合,更好发挥创新驱动发展作用。2022年10月13日召开的中国共产党第二十次全国代表大会上,习近平总书记在报告中再次强调了创新的发展引领功能,再

次扩大了创新覆盖面,指出在进入新发展阶段后,创新将成为最重要的
发展动力。

在上述创新战略规划的指引下,我国创新环境日臻完善,创新发展过
程中所涉及的资源配置、科技成果转化和人才评价等热点难点问题正在逐
步得到解决。与此同时,我国进一步加大科技计划管理的改革力度,不断
优化整合国家自然科学基金、重大专项、重点研发计划、基地和人才专
项、技术创新引导专项(基金)等科技计划,逐步形成了相对完整的创新
项目的形成机制。国家"千人计划""百人计划"等一系列人才政策的落
实,有效改善了我国的人才发展环境。"大众创业、万众创新"不断深入,
各类"众创"空间纷纷投入使用,这些国家科技企业孵化器、加速器的落
成培育和孵化了大量的创新企业,极大地提升了我国国际创新竞争力。

3.2.1.2 知识产权管理体系不断完善

知识产权管理工作对企业创新和长远发展具有举足轻重的战略作用。
因此,保护好企业创新专利,确保企业核心利益不受侵害是提升企业核心
竞争力,支撑创新驱动发展战略的重要工作。近年来,我国不断提升企业
知识产权规范化的管理水平,为各行企业加大研发投入、提升创新能力提
供了重要的制度保障。2013 年国家知识产权局等八部门联合印发了《企
业知识产权管理规范》国家标准,得到了各个企业的积极响应,显著提升
了各企业知识产权的质量和产出的经济效益。2015 年我国正式颁布《深
入实施国家知识产权战略行动计划(2014~2020 年)》正式提出要引导企
业进一步提高知识产权规范化管理水平,加强企业知识产权资产管理,促
进企业竞争力稳步提升。根据国务院 2022 年发布的《2021 年中国知识产
权发展状况》,2021 年我国知识产权保护社会满意度结果再创新高,满意
度得分80.61。同年 10 月,第十三届全国人大常委会第三十一次会议正式
批准我国加入《马拉喀什条约》,标志着我国在国际版权领域的话语权和
影响力进一步增强。

随着上述一系列知识产权管理制度的颁布和实施,我国已经逐步建立
相对完善的知识产权管理体系,一方面不断优化我国企业创新的制度环

境；另一方面全面提高了企业的知识产权保护意识。作为企业创新与外部市场之间的重要联结机制，知识产权管理体系的不断完善为我国各行企业全面落实国家创新驱动发展战略，提升企业核心竞争力起到了护航、助力的重要作用。

3.2.1.3 人才发展体制与机制改革不断深入

创新人才是我国全面落实创新驱动发展战略的重要支撑。当前我国坚持将人才资源开发放在科技创新的核心战略位置，不断推进各项人才开发的相关制度体系建设。中共中央于 2016 年 3 月正式印发《关于深化人才发展体制机制改革的意见》（以下简称《意见》），进一步强调坚持人才引领创新发展，全面发挥区域、产业政策以及财政税收杠杆在人才开发中的协同效应，持续加大人才资源的开发力度。《意见》进一步指出："继续实行更加积极、开放和有效的人才引进政策，加大海外高层次人才引进计划（国家'千人计划'）的力度，不拘一格，柔性汇聚全球人才资源。对国家急需紧缺的特殊人才，开辟专门渠道，实行特殊政策，实现精准引进。支持地方、部门和用人单位设立引才项目，加强动态管理。"这一系列人才引进政策，进一步彰显了我国对各类人才的重视和渴望。

在上述政策的指引下，我国不断创新人才的培育模式，当前已初步建立了以经济社会发展需求为导向的高校学科专业和区域布局的动态调整机制，以及以创新创业为导向的人才培养机制，形成了产、学、研、用结合的协同育人模式。为各企业培育了大量的高精尖人才，最大程度地满足了企业对各类创新型人才的迫切需求。

为了实现各领域人才的充分流动，我国不断完善各项人才流动机制，促进人才的横向和纵向流动，不断推动东西部地区之间的人才交流，并继续实施西部人才培训工程，全面开展西部地区的人才对口支援计划。

此外，"十三五"规划纲要重点指出要不断完善各项人才的激励政策，优化各项人才评价与服务保障体系，进一步提高各项人才激励制度的精神和物质激励强度，充分激发各类人才在创新过程中的主观能动性，弘扬奉献牺牲精神。为各类人才提供了良好的外部生存环境，有效缓解了其后顾之忧。

在 2021 年 3 月 12 日发布的《中华人民共和国国民经济和社会发展第十四个五年规划和 2035 年远景目标纲要》中，围绕"激发人才活力"进行了相关战略部署，提出了培养造就高水平人才队伍的具体工作部署，设计了如何激励人才更好发挥作用的相关政策，明确了优化创新创业创造生态的工作步骤。

上述人才机制的不断完善，为我国企业总体创新能力提升奠定了充分的人才基础，有力地调动了企业创新的积极性和活跃度，形成了浓厚的创新氛围。

3.2.1.4　企业创新相关税收政策的支持力度不断加大

为了进一步鼓励企业加大研发投入，有效促进企业创新的积极性，财政部、国家税务总局和科技部于 2015 年联合下发了《关于完善研究开发费用税前加计扣除政策的通知》（以下简称《通知》），放宽了企业研发活动及研发费用的优惠范围，并进一步扩大研发费用加计扣除范围。值得一提的是，《通知》在界定创意设计活动范围的基础上首次将企业创意设计活动相关费用纳入到加计扣除范围内。此外，《通知》进一步简化研发费用归集和核算管理工作，并精简了相关审核程序，为企业享受优惠税收政策提供了更加高效便捷的通道。2019 年《政府工作报告》指出，2018 年以来，我国不断强化企业技术创新主体地位，将研发费用加计扣除比例政策扩大到了所有企业。2021 年 1 月 1 日起，制造业企业开展研发活动发生的相关费用，未形成无形资产计入当期损益的，在按规定据实扣除的基础上，再按照实际发生额的 100% 在税前加计扣除；形成无形资产的，按照无形资产成本的 200% 在税前摊销。

上述研发费用加计扣除政策进一步凸显了我国政府对创新活动的支持力度，这一政策的全面落实将进一步降低企业 R&D 成本，有效地减缓企业研发投资活动的风险和资金约束，进一步调动企业研发创新的积极性。

3.2.2 我国企业创新投入现状

3.2.2.1 企业内部 R&D 投入现状分析

从宏观方面而言，充分的研发费用投入（R&D 投入）是保持国家创新能力，巩固国际竞争优势地位的重要保障。从微观层面而言，有力的内部 R&D 投入也是企业保持高成长性的重要支撑，保持较高水平的内部 R&D 投入是企业提高创新能力，巩固行业优势地位的重要资源保障。

图 3-3 是根据国家统计局、科技部、财政部在每年联合发布的《国家科技经费投入统计公报》所披露的相关数据，对我国 2007~2021 年的 R&D 投入情况的相关统计。从图 3-3 中可以看出，我国 R&D 经费投入的总量稳步上升，R&D 投入强度（R&D 经费与 GDP 的比值）不断加大。这表明我国研发实力进一步增强，科技水平不断提高。根据统计，2021 年我国 R&D 经费投入总量和强度再创历史新高，R&D 经费投入强度，与发达国家的差距进一步缩小，增速保持世界领先，已经接近 OECD 国家疫情之前 2.47% 的平均水平。

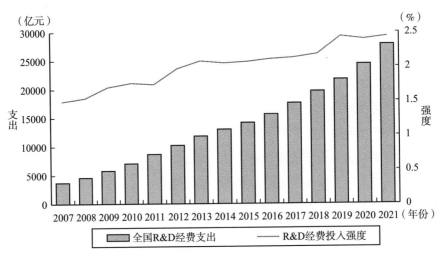

图 3-3　2007~2021 年全国 R&D 经费支出总量及 R&D 投入强度

资料来源：根据《国家科技经费投入统计公报》相关数据整理所得。

R&D 经费支出总量及强度的稳定增长，反映了我国创新驱动发展战略的全面贯彻落实，为国家创新能力的稳步提高奠定了资源基础，有力地推动了创新型国家建设的步伐。但需要指出的是，尽管我国 R&D 投资水平实现了快速提高，但与发达国家的 2.5% 的 R&D 投入强度相比依然存在明显差距。

图 3 - 4 为 2007～2021 年我国东部、中部和西部三大地区 R&D 经费投入的发展情况。从图中可以看出，东部地区 R&D 经费投入总量无论是从各年度总体规模上，还是从整体发展趋势上，都占据明显优势地位，与中部地区和西部地区的差距不断扩大，但中西部地区之间的 R&D 经费支出规模差距均呈现出稳定增长趋势。

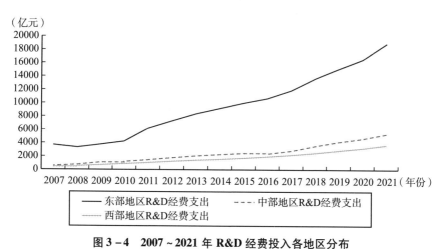

图 3 - 4 2007～2021 年 R&D 经费投入各地区分布

资料来源：根据《国家科技经费投入统计公报》相关数据整理所得。

综上所述，从我国创新投入现状而言，我国创新投入整体呈现出良好发展势头，研发水平不断提升，与发达国家差距不断缩小，但依然存在较大差距。与此同时，东部地区与中西部地区研发经费支出的差距进一步扩大，因此，实现东部、中部和西部地区等各区域创新投入水平的均衡是实现我国整体创新水平提升的关键。

图 3 - 5 为 2007～2021 年期间，我国企业研发经费的变动趋势。如图

所示,企业研发经费支出总额及其在全社会研发经费支出中所占比重均呈现稳定增长,企业的创新主体地位凸显。为了更进一步了解各行业中企业R&D投入的现状,我们采用智研咨询数据中心在2022年发布的《智研年榜:2021年分行业规模以上工业企业研究与试验发展(R&D)经费排行榜单TOP40》相关数据,分析了进入榜单的前10强的规模以上工业企业所在的行业分布情况,结果如表3-3所示。

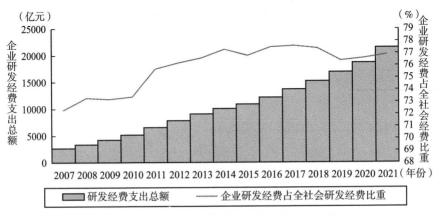

图3-5 2007~2021年企业研发经费变动趋势

资料来源:根据《国家科技经费投入统计公报》相关数据整理所得。

表3-3 2021年分行业规模以上工业企业R&D经费排行榜(TOP10)

排名	行业	R&D经费 (亿元)	R&D经费投入强度 (%)
1	计算机、通信和其他电子设备制造业	3577.8	2.43
2	电气机械和器材制造业	1818.1	2.1
3	汽车制造业	1414.6	1.61
4	通用设备制造业	1119.1	2.27
5	专用设备制造业	1035.4	2.77
6	医药制造业	942.4	3.19
7	黑色金属冶炼和压延加工业	906.7	0.94

排名	行业	R&D 经费（亿元）	R&D 经费投入强度（％）
8	化学原料和化学制品制造业	857.1	1.03
9	金属制造业	683.0	1.37
10	铁路、船舶、航空航天和其他运输设备制造业	15	3.7%

资料来源：根据智研咨询数据中心公开披露数据整理所得。

从表 3 - 3 可以看出，2021 年我国上市公司 R&D 投入规模以上企业中，计算机、通信和其他电子设备制造业、电气机械和器材制造业、汽车制造业以及通用设备制造业等五大行业的研发投入企业数量所占比重最大。这五个行业也是我国高新技术企业所在的行业。此外，表 3 - 4 为 2021 年进入全球 R&D 投入 100 强的 10 家中国企业。如表 3 - 4 所示，这 10 家上榜企业中有 4 家高科技制造企业，5 家建筑业企业，剩余 1 家企业为能源企业。综上所述，近年来，我国制造业企业创新投入水平稳步提升，凸显了其在全面落实国家创新驱动发展战略过程中的重要作用。

表 3 - 4　　2021 年进入全球 R&D 投入 100 强的前 10 强中国企业

排名（全球）	公司	所在行业	R&D 投入（百万欧元）	R&D 增速（％）
1（2）	华为	硬件和设备	17460	6.7
2（17）	阿里巴巴	软件和计算机服务	7138	32.9
3（33）	腾讯	软件及计算机服务	4860	6.1
4（46）	中国建筑集团	建筑和材料	3665	-3.1
5（59）	中国铁路	建设和材料	2723.3	32.3
6（63）	中国交建	建设和材料	2462.3	60.3
7（64）	百度	软件和计算机服务	2433.4	6.4
8（66）	中国铁建	建设和材料	2320.2	12.6
9（80）	中石油	能源	1963.6	0.5
10（82）	中国电建	建设和材料	1905	35.2

资料来源：根据《2021 欧盟产业研发投入记分牌》数据整理所得。

3.2.2.2　以技术并购为主的企业外部研发活动逐渐兴起

随着当前技术驱动的变革速度不断加快，如何在当前高度颠覆的生态系统中确立企业的定位成为各行业企业面临的重要外部挑战。对此，越来越多的企业将其创新投入的视角从内部自主研发逐渐转向如许可证交易、技术协议、合作研发、R&D 合资以及技术并购等多种外部研发方式。这些外部研发方式逐渐成为高新技术企业加速知识更新，实现技术突破，提升企业创新能力的重要方式。在外部 R&D 方式中，技术并购更为复杂，对企业创新的影响尤为深远，因此，本书重点关注以技术并购为主的外部创新投资行为。根据德勤（Deloitte）2019 年并购交易趋势报告，技术收购超越了扩大企业规模或增加产品或服务等并购动机，成为当前我国企业并购的首要驱动因素。因此，近年来的一些典型海外并购案例均以获取对方核心先进技术为主要战略诉求，如联想收购 IBM、TCL 收购法国汤姆逊电子的电视机业务以及吉利收购沃尔沃等诸多海外并购案例都把技术作为了重要的考量对象。以医药和生命科学行业为例，根据普华永道最新调查数据，2021 年中国医药和生命科学行业并购交易数量达到1253 宗，交易金额突破 400 亿美元，交易数量和金额均创新历史新高。[①]从 2021 年并购市场相关数据分析不难看出，2021 年并购交易以新能源、化学工业等高新技术行业并购为主，不难预见，未来技术并购将逐渐成为企业保持竞争优势的重要方式。根据 CVSource 投中数据显示，在2021 年我国并购市场行业分布方面，制造业并购交易数量最多，达到744 起，占比超过 19%，其次分别为 IT 及信息化、医疗健康、金融以及企业服务等，凸显了我国技术并购市场的活跃，也从侧面反映了国家创新环境的日臻成熟。

图 3 - 6 是基于《中国高新技术产业并购发展报告（2018）》绘制的2013 ~ 2017 年我国高新技术企业的技术并购交易情况。如图 3 - 6 所示，

---

① 普华永道：2021 年中国医药和生命科学行业并购交易额创新高［EB/OL］. (2022 - 04 - 07). https: //www. chinanews. com. cn/cj/2022/04 - 07/9722288. shtml.

在"一带一路"建设的影响下，2013～2015 年我国高科企业的技术并购交易数量和交易额度均呈现井喷式增长。随着 2015 年供给侧结构性改革的正式提出，我国高科技企业并购活动趋于理性，2015～2017 年高科技企业技术并购的交易数量及交易总额度出现明显下降。综上所述，在当前技术更新速度加快，产业生命周期不断缩短的竞争环境下，高科技企业越来越难以依靠自身能力来满足对新技术的需求。这种情况下，通过并购渠道获取外部先进技术和核心创新资源以弥合创新差距成为其重要的研发战略选择。

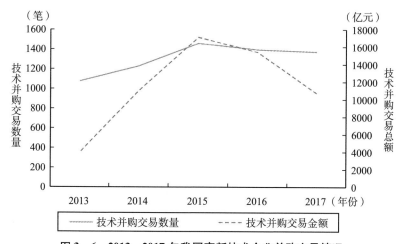

图 3 – 6　2013～2017 年我国高新技术企业并购交易情况

资料来源：王雪松：《中国高新技术产业并购发展报告（2018）》，社会科学文献出版社 2018 年版。

3.2.3　我国企业创新产出现状分析

根据国家统计局每年发布的中国创新指数测算结果，本书整理 2007～2020 年间，我国每年的创新产出指数、国内专利申请授予数量以及国内大中型工业企业实现的新产品销售收入三个指标，以进一步分析当前我国企业创新产出的发展趋势。结果如图 3 – 7 所示。

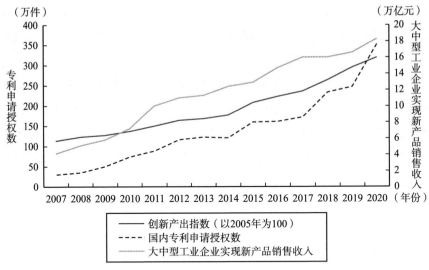

图 3 - 7   2007～2020 年我国创新产出相关指标发展趋势

注：创新产出指数以 2005 年为基期；大中型工业企业是指当年产品销售收入 500 万元以上（含）的工业企业。

资料来源：国家统计局《中国创新指数研究》中国创新指数测算结果。

从图 3 - 7 中可以看出，从 2007 年至 2020 年，我国创新产出指数稳步增长，这一数字表明当前我国企业外部创新环境持续优化，创新投入不断加大，创新成效显著增强，这也从侧面进一步表明我国深入实施创新驱动发展战略的成效十分显著。此外，创新产出指数的显著增长也表明了我国整体创新能力的不断提升，同时，这一指标的积极变化，也为我国实现高质量发展提供了强大动力。根据中国科学技术信息研究所发布的《2021 年中国科技论文统计报告》，2021 年我国国际科技论文总量和被引次数稳居世界第二，发明专利的申请和授予数量位居世界首位，科技进步贡献率达到了 61.5%，在全世界国家综合创新能力排行中上升到了第 12 位。另外，由图 3 - 7 可以看到，2007～2020 年大中型工业企业的新产品销售收入稳步增长，国内专利申请授予数量不断提升。这表明，我国创新技术成果转化效率稳步提高，工业企业创新活动对产品结构调整作用显著。

综上所述，创新活动对我国国家竞争能力提升的作用显著，创新已成为当前推动我国经济高质量发展的强劲动力。

3.3　股权激励对企业创新活动的影响机理分析

从企业创新过程来看，企业创新能力的提升不仅表现在创新投入方面，也能够通过企业创新产出水平体现出来。R&D 投入衡量了企业创新过程中的资源投入情况[201]，而创新产出则反映了企业创新投入的转化效率[212]。因此，为了更加全面地分析股权激励对企业创新活动的影响，本节将基于制度创新理论、委托代理理论、激励理论、风险承担理论以及高阶梯队理论，结合现有研究成果，从 R&D 投入和创新产出两个层面对股权激励影响企业创新活动的内在机理展开深入研究，为后续的实证研究奠定理论基础。

3.3.1　股权激励对企业创新投入的影响机理分析

3.3.1.1　股权激励对企业内部 R&D 投入的影响机理

企业创新能力是国家创新能力的构成基础，而企业内部 R&D 投入直接决定了其技术创新能力的高低。对于企业而言，与其他决策一样，R&D 投入实际上涉及内部资源配置问题。而现代企业两权分离的出现使得作为企业 R&D 投入决策主体的管理层掌握着更多的信息，从而导致代理问题凸显。此外，R&D 投入具有的一些自身特征也导致了管理层需要承担更大的潜在风险。

（1）R&D 投入的高度不确定性。高度的不确定性意味着企业需要承担 R&D 投入项目较高的失败率。此外，这种不确定性也表现在未来影响 R&D 投入成功或者失败的相关因素是未知的。尽管如此，对于股东而言，R&D 投入是企业在高度竞争的市场中形成新的核心技术优势，提升企业核心竞争力的重要战略选择。而作为代理人的经营者对风险态度是不一样

71

的，特别是传统的公司治理机制下，经营者并不能分享 R&D 项目成功带来的超额收益，但 R&D 的失败则会直接影响经者的收益和声誉，不利于其未来职业发展。因此，面对 R&D 投入的高度不确定性带来的潜在风险，经营者更多地呈现出风险规避的特质，更多地将资源配置到风险较小收益较高的短期项目中。

（2）R&D 投入的收益跨期性。对企业而言，从 R&D 投入决策的开始到完成需要一定的周期。在这一过程中 R&D 投入的实施呈现出明显的多阶段性特征。在多阶段过程中，企业需要确保持续的资源投入，从而导致 R&D 投入的收益当期无法实现，因而，对于经营者而言，无法将其作为当前考核的业绩内容。考虑到经营者的任期限制，可能出现前人种树后人乘凉的情况。因此，经营者出于自身绩效的考量以及外部市场压力，往往只关注能够在短期实现公司业绩提升的项目，忽略能够给企业未来发展带来价值增值的 R&D 项目，违背股东的公司价值最大化的目标[209]。

（3）R&D 投入的知识密集性。与其他投资项目相比，R&D 投入的实施依赖于经营者较高的知识储备水平。因此，对于经营者而言，在进行 R&D 投入时，需要积极的自身努力才能确保项目的成功。但知识能力难以量化的特征，使得经营者的这种努力无法体现在其业绩考核中，特别是 R&D 投入的收益的跨周期性，使得股东根本无法看到经营者的这种努力。因此，在缺乏足够的外部激励的情况下，经营者很难主动进行研发努力。另外，由于信息不对称的存在，经营者对 R&D 投资掌握较多的信息，从而在缺乏有效的激励的情况下，其可能会产生隐藏关键技术和知识的意识和行为，从而增加 R&D 投入失败的可能性和代理成本。

综上所述，R&D 活动的上述风险特质使得其能够引发委托代理冲突，这是导致经营者对 R&D 活动作出逆向选择的根本原因。另外，企业所有者与职业经理人在 R&D 活动的目标和风险的不一致，往往导致 R&D 投入不足。最后，R&D 活动中的所有者与经营者之间存在的高度信息不对称也使得 R&D 项目存在较高的失败风险。委托代理理论指出，在缺乏有效的激励约束机制的情况下，股东无法有效地提升经营者的风险承担能力，从而产生较为严重的代理问题，引起企业创新动力不足。因此，有效缓解企业在 R&D 投入等长期风险投资活动中的代理冲突成为当前解决企业创新动力不足的重要着力点。

委托代理理论认为通过将经营者个人权益与公司发展联系起来，能够有效地提升经营者的风险承担能力，缓解企业资源配置过程中的代理问题[171]。股权激励机制应运而生。作为一种长期的薪酬机制，股权激励能够促使管理层克服风险规避行为，选择积极的风险承担行为，这一结论得到了投资者和决策者的广泛认同和诸多研究的证实。实施股权激励后，高管的个人薪酬财富与其持有的股权挂钩，其拥有了公司剩余价值的部分索取权，从而具有更大的动力进行风险大回报高的投资活动。因此，股权激励通过对企业 R&D 投入过程存在的代理问题的缓解能够改善高管在 R&D 投入中所获得的剩余收益与其所承担风险的不对称关系，促使其追求研发成功产生的高收益，从而有效地缓解 R&D 投资不足的问题。

股权激励如何影响公司的风险性投资决策（如 R&D 投资）已成为公司治理领域的热点话题。国内外学者基于委托代理框架从不同的研究视角对管理层股权激励与企业 R&D 投入活动的治理作用展开了论证[13,41,67,98,122,125,141,190,229]。大量实证结论显示，一方面，企业通过授予管理层一定的股权（期权）能降低管理层与股东之间的代理成本，减少环境不确定性导致的代理冲突，从而有助于抑制管理层短视，提高其进行 R&D 投入活动的积极性；另一方面，股权激励的凸性薪酬特征能够显著提升管理层风险承担能力，并且与其他薪酬形式相比，股权激励的期限较长，这些特征也有利于鼓励管理层进行 R&D 投入等长期价值创造活动[75]。当然也有研究发现股权激励内在的非系统性风险对企业 R&D 投入决策存在着负面影响。比如，部分学者认为股权激励的"沟壑"效应导致股权激励对企业 R&D 投入会产生非线性影响，即当股权激励超过一定限度后，管理层对企业的控制权不断增大，对企业决策权的影响不断增加，从而产生更强的私利攫取的内在动机，导致其更倾向于选择短期收益明显、风险较低的投资项目而非那些符合企业长期发展的高风险的 R&D 投资项目[67]。也有部分研究证据表明，不恰当的股权激励设计会引起管理层的过度的风险承担行为，从而对 R&D 投入等投资决策产生负面影响[34,37]。综上所述，股权激励通过对企业代理问题和管理层风险承担能力的治理对企业 R&D 投入的积极性产生了显著的影响。

当前有关股权激励与 R&D 投入的相关论证主要围绕着股权激励强度[35,67,129,136]、激励模式以及股权激励行权周期[241,245]等内容展开理论设计。如前所述，股权激励对企业 R&D 投入的影响主要基于其对企业内部代理冲突的缓解和管理层风险承担能力的积极影响的作用路径而实现的，而组织行为理论和资源依赖理论的学者指出，企业内部存在着一些对管理层风险承担能力以及代理问题具有显著影响的因素，比如企业规模[164,225]、组织资源冗余[86,98,152]以及股权集中度[222]等。因此，这些因素的存在必然会对股权激励与内部 R&D 投入的关系产生一定的影响。由此可见，股权激励治理效应的外部影响因素的存在是可能引起当前有关股权激励与内部 R&D 投入关系多样化研究结果的内在原因之一。

值得关注的是，相关研究表明不同的经济环境下，股权激励会产生不同的治理效应，如拉维夫和锡斯利（Raviv & Sisli, 2013）研究发现股权激励对管理层风险承担的正向影响关系会受到系统性金融危机的明显削弱[217]。因此，股权激励对企业 R&D 投入的影响受到其所在的经济环境的影响。此外，股权激励的有效性也受到资本市场环境的影响，当前股权激励相关激励效应的经验证据主要源于资本市场和股权激励相关政策法规十分成熟的发达国家，因而，股权激励能够实现预期的目的。而相比之下，对于中国等新兴经济体而言，在资本市场尚不完善，相关保障机制不够健全的情况下，股权激励制度的有效性是有限的和不充分的[189]，从而使得中国情境下的股权激励与 R&D 投入的关系呈现出不同于西方发达资本市场下的特点，这一点也是本书探讨中国情境下股权激励与企业 R&D 投入治理效应的内在动机之一。

综上所述，股权激励作为现代企业制度发展下衍生出的治理机制，对企业 R&D 投入行为具有重要的治理作用，这种作用过程体现在对企业 R&D 活动决策主体的风险承担能力和代理问题的影响以及对 R&D 投入自身特征导致的代理问题的治理效应上，如图 3 - 8 所示。需要特别指出的是，企业创新活动对公司治理制度的依赖性，决定了企业内部 R&D 投入会受到管理层股权激励内在特征和企业内外部环境因素的影响，这也是本书的关键切入点。

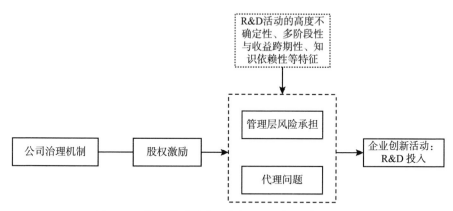

图 3-8　股权激励对企业内部 R&D 投入的作用机制

3.3.1.2　股权激励对企业外部 R&D 活动的影响机理

随着全球技术更新速度的加快，加快缩短从 R&D 投入到创新产出的开发周期，规避内部自主 R&D 投入的周期长、研发成本高、不确定性和风险性较大的劣势成为当前企业在激烈的市场竞争中实现创新突破，赢得市场竞争的关键[6]。因此，越来越多的企业倾向于通过许可证交易、技术协议、合作研发、技术并购等外部 R&D 方式加快技术创新的步伐[203,216]。大量研究也因此将内部自主 R&D 和外部 R&D 方式视为企业实现创新的两种主要途径[139,246]。尽管上述外部研发方式能够有效规避内部自主研发的劣势，但其依然存在着与内部 R&D 研发完全不同的特征。

（1）外部 R&D 活动的不确定性风险较小。企业知识基础观（knowledge - based view）和企业关系理论（relational view）认为，通过外部 R&D 活动，企业能够实现与其他企业的知识共享，加强技术联系[111,150]。企业在外部 R&D 合作的过程中不仅能够突破原有技术边界，接触交叉或跨领域的新技术、新知识，而且通过资源整合可以实现现有的内部知识储备的快速扩充。此外，通过外部 R&D 活动，企业能够与外界构建起技术创新的伙伴关系，给企业带来更有价值的技术知识成果，快速实现企业创新绩效的提升，这一点也得到了大部分理论和实证研究的支持[51,224]。此外，相比于内部 R&D 的高度不确定性，外部 R&D 活动所涉及的主要创新技术相对成熟并得到了市场的认可。因此，相比于内部 R&D 活动，外部 R&D 活动的不确定性风险较小。

（2）外部 R&D 活动的开发周期较短。与内部 R&D 跨周期性相比，技术购买、合作研发等外部技术来源方的技术能力更为成熟，能够短时间内与企业内部技术形成优势互补，大大缩短技术开发的周期，降低 R&D 成本。

（3）外部 R&D 活动搜索成本较高。影响外部 R&D 成败的关键取决于企业对于外部知识价值的识别以及将其消化吸收并应用于创新成果的能力[158]。因此，与内部 R&D 相比，外部 R&D 活动存在较高的搜索成本。已有研究进一步发现，影响企业技术搜索能力的关键取决于企业的已有知识储备水平所决定的学习能力[30]。

外部 R&D 活动的上述特征决定了其风险类型与内部 R&D 活动完全不同。在诸多的外部 R&D 活动中，技术并购的规模经济或者范围经济的特点能够增强 R&D 效率，因而成为当前诸多企业首选的外部 R&D 方式，也成为当前诸多企业快速实现突破性技术创新的最主要途径。与内部 R&D 投入相比，外部技术并购具有研发风险低、开发周期短等优势，但其所需要的资源投入规模更大，并且，外部技术并购导致了企业原有内部 R&D 体系的重置，从而带来更大的创新风险。尤其对现代企业制度下的代理人（CEO）而言，技术并购能够使其暴露于并购失败的风险中，一旦并购失败，企业原有的 R&D 体系受到破坏的同时，甚至可能使企业成为潜在的被并购的对象。因此，技术并购是一项高风险、高收益的企业投资项目，因而对于经营者的风险承担能力具有较高要求。薛（Xue，2007）研究发现经营者在技术并购的潜在风险得不到相应补偿的情况下，会更加地风险厌恶，即使该并购符合股东长期利益，其也会放弃技术并购选择更为安全的投资项目[244]。此外，在现代企业两权分离的组织背景下，作为决策者的管理层对是否发起并购以及并购的频率和规模具有主导作用，部分管理者可能会出于追逐私人收益的目的做出利己主义的并购决策，损害股东权益，从而并购活动中也存在着较为严重的代理问题。综上所述，技术并购等外部 R&D 活动也会受到作为决策制定者的管理层的风险承担能力以及股东与管理层之间的代理问题的影响。

如前所述，股权激励对于管理层的风险承担能力以及代理问题的积极治理效应使其成为现代企业制度下，股东改善代理人创新动力不足的有效激励约束机制[140]。在这一背景下，以股权激励为主的管理层风险激励机制对于企业并购决策的积极影响得到了大量研究的证实。如哈根多夫和瓦拉斯卡斯（2011）以美国银行业的并购交易为例，发现管理者的薪酬—风险敏感性越强企业越有可能从事风险性的并购交易[157]。克洛茨和佩特梅萨斯（2015）以美国上市公司为例，再次证实了 CEO 风险激励与并购行为的正向关系[130]。詹姆斯（James，2002）以及乌本等（2016）等学者则重点关注了管理层风险承担能力与技术并购这一特殊的企业并购活动的影响关系，并指出技术并购后的技术整合风险以及高昂的并购交易成本需要管理层承担远高于内部 R&D 活动的风险，因而对其风险承担能力的要求更高[169,243]。陈等（2018）则证实管理层风险承担激励对并购决策及其不同并购类型的并购绩效的积极影响。姚晓林和刘淑莲（2015）研究证实，上市公司 CEO 股权激励强度与并购决策显著正相关，而上市公司风险不确定性增大了这种相关性[74]。李维安和陈刚（2015）研究指出在一定的持股比例区间内，管理层持股与并购决策及并购绩效之间显著正相关[2]。上述研究证据充分证明了股权激励与企业并购的内在影响关系，尽管有关二者的具体影响路径并未得到充分的论证，但已有研究对二者相关性的论证能够充分证实股权激励对技术并购行为的治理作用。

对于企业而言，技术并购活动实际上是其为适应外部竞争而突破企业创新能力边界的一种外延式创新活动，因此，内部 R&D 投入与外部技术并购之间的相互关系，也是影响企业外部创新决策的重要方面[118]。现有研究中对于企业内部 R&D 投入与外部技术获取之间的关系尚未达成共识。少部分研究认为，内部 R&D 项目与技术并购可能存在的技术重叠以及企业需要面临技术并购后的并购整合压力，可能使得内外部 R&D 活动之间存在相互替代关系；但更多研究证据表明，内部 R&D 投入与技术并购作为一个整体，能够在企业价值创造过程中实现技术创造协同效应[118,228]。具体而言，内部 R&D 投入除了能够创造新的技术和产品之外还能够提升企业对外部技术知识的吸收能力[183]，进而有利于企业实现技术并购后的整合；反之，企业通过外部技术并购则能够弥补内部 R&D 活动的不足。相关研究表明，外部技术机会越丰富的企业其进行内部 R&D 投入的动机越大[6]。综上，相比于完全的内部 R&D 投入或技术并购等单一创新投入模式，内外部 R&D 活动共存的创新投入组合方式能实现更好的企业价值协同创造效应[127]。企业一味地进行内部 R&D 活动或者通过单一的技术并购等外部技术获取方式实现技术获取都是不利于企业创新的。一方面，过度依赖于内部 R&D 活动会使企业错过实现技术领先的机遇；另一方面，完全地依靠外部渠道获取技术也会使企业失去识别和整合外部技术的能力，陷入被外部技术锁定的风险。对此，内外部创新投入组合方式成为当前企业进行外部技术并购时的最优创新方式[138]。正如德尼克莱等（Deni-colai et al.，2016）所言，企业应更加关注寻找内部 R&D 投入与外部 R&D 投入的最佳组合方式，而不是分开讨论和比较这两种创新方式的优缺点[134]。对管理层而言，股权激励的实施将其个人利益与企业发展捆绑在一起，从而促使其在决策过程中兼顾个人利益与企业长远发展。因此，管理层实施外部技术并购时，一方面为了促进对技术并购所获取的新技术或新知识等的消化吸收，需要保持必要的内部 R&D 投入；另一方面其还需要平衡内部 R&D 投入与技术并购的关系。为此，在企业推行股权激励的情况下，管理层作为理性经济人，其面对股权激励行权条件的压力，出于自身利益与企业利益的权衡将更加理性，从而更有可能选择风险小，收益大的包括技术并购与内部 R&D 投入在内的内外部投入组合方式。

综上所述，与内部 R&D 投入相比，外部技术并购的不确定性较小，规模效应明显，但并购后的整合风险较大。因此，股权激励通过提升管理层风险承担能力，将促使其更加倾向于寻求相对成熟的外部技术和知识来快速跨越技术门槛，提升企业的创新水平。同时，股权激励的约束性作用将对管理层外部创新过程中的非理性决策产生有效的治理效应，引导其更好地平衡内、外部创新的关系，从而选择能够实现自身利益与企业利益共赢的创新投资方式。如图 3 - 9 所示，股权激励对外部创新投入的治理作用主要体现在两个方面。一方面，通过影响管理层的风险承担能力影响其外部创新投入的决策；另一方面，股权激励通过关联管理层个人利益与企业长期发展，缓解企业创新过程中的代理冲突，进而促使管理层选择更加理性的外部创新投入策略，即内部 R&D 投入与技术并购组合方式。

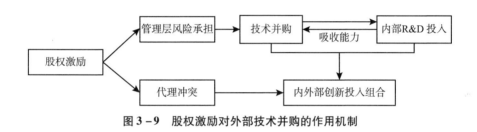

图 3 - 9　股权激励对外部技术并购的作用机制

3.3.2　股权激励对企业创新产出的影响机制

无论企业采取何种 R&D 投入方式，创新产出是其最终落脚点。因此，股权激励对于企业创新活动的影响，最终还是需要通过其对创新绩效的影响体现出来。

如前所述，股权激励通过提升企业创新活动过程中管理层的风险承担能力，缓解经营者与股东之间的代理冲突，激发管理层 R&D 投入的积极性，有效改善企业 R&D 投入不足的现象。创新投入的增加必然引起创新绩效的变化，因此，从整体而言，股权激励能够显著影响企业的创新产出。鉴于不同 R&D 投入的风险特征和产出效率不同，在不同强度的股权激励机制下，管理层对不同的 R&D 投入方式的选择将影响企业最终的创新产出水平。

在前文中，我们分析了股权激励对企业 R&D 投入的影响机制，R&D 投入是企业创新产出的先决条件，因此，股权激励对企业创新绩效的影响是通过对 R&D 投入方式的影响实现的，如图 3 - 10 所示。

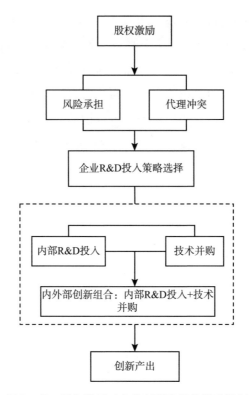

图 3 – 10　股权激励对企业创新产出的影响机制

3.4　理论模型构建

　　根据委托代理理论，股权激励是现代企业制度下有效缓解股东与经理人的委托代理冲突的公司治理机制。通过实现管理层的个人财富积累与企业利益的密切关联，股权激励能够有效提升管理层的风险偏好，有效缓解内部代理问题，激励管理者更加积极地进行 R&D 投入活动，改善企业创新动力不足的现状，最终实现企业长期创新能力的提升。从企业创新过程而言，企业创新能力的提升不仅体现在创新投入方面，同时能够通过创新产出表现出来。此前国内有关股权激励与企业创新关系的研究，主要从创新投入或创新产出的单一视角[25,44,68,75]，或者人为地割裂从创新投入到创新产出的价值创造链条，将二者作为衡量企业创新水平的同一平面变量展开研究[24,27,50,54]。然而，创新投入与创新产出是企业创新效应的两个维度，前者主要反映企业创新能力水平，是一个长期指标；而后者则是创新投入产生的结果变量，侧重对企业短期创新水平变动的衡量。相关研究表明，创新投入的提高并不一定导致短期创新产出的增加，二者的关系存在不确定性[107]。综上，本书结合我国企业创新现状，基于股权激励内在作用机制，构建股权激励创新效应的概念模型分析框架，拟从创新投入和创新产出两个维度来更加全面地考察股权激励对企业创新活动的影响，如图 3–11 所示。

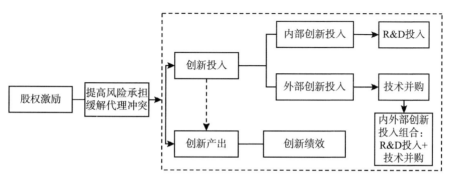

图 3–11　股权激励创新效应概念模型框架

本书实证研究部分主要包括两个过程：（1）股权激励对创新投入的影响；（2）股权激励对创新产出的影响。相应的，主要研究内容由以下三部分构成（1）股权激励对内部创新投入（R&D 投入）的影响；（2）股权激励对外部创新投入（技术并购）的影响；（3）股权激励对创新绩效的影响及其作用路径分析。

第一部分主要讨论中国情景下股权激励对 R&D 投入的影响，目的在于为当前尚无定论的股权激励与 R&D 投入的关系补充新的研究证据。此外，本书从股权激励对创新投入的作用机制出发，将影响企业风险承担与代理问题的相关变量，如企业规模、财务资源冗余以及股权集中度等纳入到股权激励对 R&D 投入的分析框架中。在这些变量影响下，股权激励与 R&D 投入的关系可能存在结构性变化。本书通过对其进行实证检验，拓展了现有研究的视角，为股权激励与 R&D 投入的关系研究提供了新的经验证据。

第二部分主要探讨股权激励与企业技术并购的影响，检验股权激励对外部创新投资行为的治理作用。相关研究表明，R&D 投入与技术并购之间的交互作用使得内部 R&D 投入与技术并购并不是孤立存在的，而是更多以同时包括内部 R&D 投入和技术并购的内外部创新投资组合方式存在的[111,126,183]。因此，本书基于 3.3.1 节股权激励对外部创新投入的影响机理的分析，在探究股权激励对技术并购决策行为的影响时，将内部 R&D 投入与技术并购的共生关系纳入分析框架中。基于此，本书构建包括内部 R&D 投入、技术并购以及内外部创新投资组合三种创新投资方式在内的虚拟变量作为被解释变量，以内部 R&D 投入为参照方案，采用多元 Logit 选择模型分析股权激励作用下，企业实施外部创新投入决策的可能性。为了进一步揭示股权激励对技术并购的影响机理，本书构建面板 Tobit 模型实证分析了股权激励对技术并购规模的影响，同时基于 R&D 投入与企业技术吸收能力的交互关系[228]，检验了并购前的 R&D 投入对股权激励与技术并购规模关系的调节效应。

第三部分主要关注股权激励对企业创新绩效的激励效应及其作用路径。管理层和核心员工作为当前股权激励的两个主要激励对象，在企业创新过程中承担着不同角色，因此，对管理层和核心员工进行股权激励可能对企业创新绩效会产生完全不同的影响效果。为此，本书首先基于沪深 A 股上市公司数据，实证检验了管理层股权激励和核心员工股权激励在影响企业创新绩效中的不同作用。鉴于 R&D 投入作为企业首要的创新投入方式，其在管理层和核心员工参与企业创新活动的过程中发挥着不同作用[234]。遵循"激励—行为—后果"的逻辑思路，本书将重点考察 R&D 投入在管理层股权激励和核心员工的股权激励与创新产出之间的不同作用，以揭示股权激励提升企业创新绩效的作用途径。在此基础上，本书采用分组回归检验方法，进一步比较了内部 R&D 投入、技术并购以及内外部创新投入组合三种企业创新投入方式下，股权激励在影响企业创新绩效方面的不同效果，证实了股权激励影响创新绩效的路径依赖，为股权激励通过影响创新投入提升创新产出的研究逻辑补充了有力证据。

3.5 本 章 小 结

本章首先回顾了我国股权激励制度的历史沿革以及发展现状，指出自2006 年股权分置改革以来，股权激励在我国取得了长足发展，已经成为当前企业重要的治理机制。其次，本章从我国创新环境、创新投入以及创新产出三个方面梳理了我国创新活动的发展现状，指出当前我国创新环境不断改善，创新市场极其活跃，企业创新投入实现了稳步增长。再其次，我国创新产出指数、国内专利申请授予数量以及国内大中型工业企业实现的新产品销售收入三个产出指标的数据表明了我国创新产出水平得到了明显提升，创新驱动发展战略成效初显。最后，从企业风险承担和委托代理理论出发，从创新投入和创新产出两个视角分析了股权激励对企业创新活动的影响机理。在创新投入方面，当前技术创新背景下企业研发活动不再局限于内部自主研发，而更倾向于技术并购等外部技术引进等方式。对此，本章基于已有研究，首先从内部 R&D 投入的风险特征出发，分析股权激励对 R&D 投入的影响机理，指出股权激励对企业内部 R&D 投入的作用过程体现在对企业 R&D 活动决策主体的风险承担能力的影响，以及对 R&D 投入自身特征导致的代理问题的治理效应。其次，股权激励对技术并购为主的外部研发活动的影响机理体现在其对管理层风险承担能力及其并购活动内在的代理问题的治理效应。在当前技术并购逐渐成为企业实现技术突破的重要战略选择的背景下，技术并购成为越来越多的企业实现创新边界扩张的首要选择，因此，技术并购是十分理想的检验股权激励对企业外部创新活动影响的平台。鉴于企业在进行技术并购时平衡内外部研发投入关系的需要，在股权激励的作用下，相比于完全的技术并购，企业更可能通过技术并购与内部 R&D 投入共存的内外部创新投资组合方式来实现外部创新的目的。最后，本章通过深入分析股权激励对内、外部 R&D 投入的作用机理，认为股权激励对创新绩效的影响是通过对企业 R&D 投入的积极影响而实现的。基于股权激励对企业创新投入及产出的作用机理分析，本章构建了股权激励创新效应研究的理论模型框架，明确了后续的理论分析和实证检验逻辑关系。

第4章 股权激励与内部 R&D 投入的影响关系研究

4.1 引　言

根据第 3 章 3.2.1 节和 3.2.2 节的相关分析，可以看到，尽管近年来我国创新环境日臻完善，创新投入（R&D 投入）整体呈现出良好发展势头，研发水平也不断提升，但与发达国家相比，依然存在较大差距，企业创新动力不足的问题依然存在。为了加快我国企业整体创新能力，我国全力推进创新驱动发展战略，并确立了我国全社会整体研发强度到 2020 年达到发达国家标准（2.5%）的目标。从微观层面而言，不断投资于那些能够提升企业市场地位或者获得新市场进入的机会的项目是企业实现可持续发展的重要途径[162]。尽管大量研究表明，R&D 投入能够促进企业形成创新能力，有助于提升公司创新绩效。但 R&D 投入自身具有不确定性大、潜在风险高和收益跨周期性等特点[77]，成为影响管理层进行此类风险决策的重要影响因素。尤其是随着现代企业所有权与经营权分离的组织结构生态的形成，管理者在无法有效分散实施 R&D 投入带来的风险的情况下，更多地呈现出风险规避的特质[35]，因此，如何有效缓解股东与管理层在创新投入过程中的代理冲突成为解决当前企业创新动力不足的重要着力点。

经典委托代理理论[171]认为股权激励赋予了管理层部分所有权，进而使其薪酬与公司业绩挂钩，此时，为了实现期望效用最大化，管理层更愿意承担 R&D 投入等不确定性决策可能带来的风险，即管理层股权激励能够有效缓解上述代理问题对 R&D 投入的负面影响。基于此，大量研究对管理层股权激励与 R&D 投入的影响关系展开了深入讨论，但视角和结论并不一致。具体的，已有研究对股权激励与 R&D 投入的关系目前大致存在以下三种观点。一部分学者基于经典委托代理理论认为，通过实施管理层股权激励能够有效缓解创新过程中的代理冲突，提升管理者的风险承担能力，促使其做出增加 R&D 投入等利于长期创新能力形成的风险决策[46,60,66,171,241]。另一部分学者则认为股权激励等管理层激励手段会导致较高的非系统风险，从而对 R&D 投入产生负面影响[188]。其他观点则认为，管理层股权激励对企业创新活动存在"堑沟效应"，即当管理层股权激励强度超过一定限度时，管理层对企业的控制力度不断增强，对企业决策的影响能力更大，从而产生追求自身利益最大化的强烈动机，导致其更偏好于短期内可实现预期收益的投资项目，忽视那些符合公司长远利益的创新投资项目，因此，二者关系呈现出显著的倒"U"型关系[52]。

综上所述，现有文献对于股权激励对 R&D 投入的影响尚未达成共识，还需深入研究。综述已有研究，股权激励对于企业 R&D 投入的影响是基于其对管理层风险承担能力和代理冲突的治理作用而实现的，这也是企业通过实施股权激励提升管理层的创新积极性的内在理论依据。另外，根据高阶梯队理论，股权激励的实施效果还受到企业内外部环境因素的影响，但在检验股权激励对 R&D 投入的影响的实证研究过程中，已有研究主要从股权激励强度[41,52,54]、激励模式[67,75,77]、产权性质[89]等相关视角出发，检验股权激励对 R&D 投入的影响关系，忽略了股权激励实施过程中的治理环境因素的影响，尤其是鲜有研究关注对管理层风险承担能力和企业代理问题具有重要影响的企业内部治理因素对股权激励治理效应的约束作用。本书基于已有研究，将影响管理层风险承担能力的企业规模[152]、财务资源冗余[98]以及影响企业内部代理问题的股权集中度[146,222]等变量纳入到股权激励与 R&D 投入关系的分析框架中，采用瀚森（1999）的门槛回归模型，考察这些约束变量影响下的股权激励与 R&D 投入的关系[159]。

为了实现上述研究目的，本章将以沪深 A 股 2008～2018 年间的上市公司数据为样本，首先检验股权激励与 R&D 投入之间的关系；其次采用面板门限回归模型，进一步讨论企业特征变量和内部治理变量影响下的股权激励与 R&D 投入的关系。

4.2　理论分析与研究假设

4.2.1　股权激励与企业 R&D 投入的影响关系

R&D 投入是企业创新的必要条件，作为一种资源配置过程，其最终由处于企业决策顶端的管理层决定。R&D 投入所具有的高度不确定性和收益跨周期性等特征，使得注重短期绩效产出的管理层对 R&D 投入往往持消极态度，引发创新动力不足和投资决策短视的现象。委托代理理论认为，在两权分离的情况下，管理层会因追求个人收益而选择能够产生短期收益而非股东利益最大化的次优决策[209]。股权激励作为在现代企业制度下缓解委托代理问题的重要治理机制，被广泛认为是企业创新活动最有效的激励约束机制。相关学者基于经典代理理论检验了管理层股权激励对企业 R&D 投入的关系，并指出，通过股权激励，管理层被授予部分所有权，能够有效地缓解其与股东之间的代理冲突，并通过将管理者个人收益与公司利益密切联系起来，使其更愿意通过 R&D 投资等风险投资活动实现个人预期收益的最大化[103,121,197,239]。勒纳和沃尔夫（2007）进一步指出，R&D 密集型企业具有更多地通过实施股权激励来提升研发效率的内在动机[187]。

综述现有研究，已有研究主要基于利益趋同假说证实了股权激励对企业 R&D 投入的积极影响[122,229]。而随着管理层权力理论的不断发展，越来越多的学者开始质疑股权激励的利益趋同效应[94,104,115]。在此基础上，部分研究发现，随着管理层股权激励强度的提升，管理者对企业的控制能力不断增强，从而产生了机会主义的内在动机，导致了更严重的代理问题[184]。实际上，更高强度的股权激励意味着管理层必须承担更高的风险成本，从而必然降低其进行风险性 R&D 投资的动机[34,213]。此外，随着股权激励强度的提高，管理层基于声誉的考虑，会更加谨慎地选择低风险的投资项目，以免高风险投资项目失败对已建立的声誉造成负面影响[34]。因此，不难看出，在一定强度范围内，股权激励通过对内部代理问题的缓解的确能够显著地提高管理层 R&D 投入的积极性，从而对 R&D 投入产生显著的提升作用。一旦超过这个强度，股权激励将对企业 R&D 投入产生负面作用，因而存在一个最佳的股权激励强度使得其对 R&D 投入的激励效果最好。综上所述，本章提出如下假设。

H4 – 1：股权激励与企业 R&D 投入之间是一种非线性关系，即二者呈现显著的倒 "U" 型关系。

4.2.2　股权激励与 R&D 投入的门槛效应

根据本书在高阶梯队理论部分对于股权激励的作用机制的分析，企业股权激励的实施效果将受到如高管特征、企业股权性质、公司治理特征等相关因素的影响。但已有研究主要从股权激励强度[50,67,75]、激励模式[67,75,77]、激励期限[241,245]等股权激励自身特征视角考察了股权激励对 R&D 投入的影响，鲜有研究从股权激励实施效果的影响因素展开分析。如前所述，股权激励影响 R&D 投入的理论依据主要是基于股权激励会对管理层风险承担能力和企业代理问题产生影响的路径，因此影响企业管理层风险承担能力和代理问题的变量必然对股权激励与 R&D 投入之间的关系存在一定的制约效应。此外，鉴于不同企业在资产规模、财务资源水平以及股权结构等方面都存在显著差异，股权激励与企业 R&D 投入的关系可能存在结构性变化，从而使得二者之间呈现非线性的曲线关系。但目前鲜有学者对此展开研究。因此，为了能够弥补这一研究空白，同时推动股权激励与企业创新投入争议性关系的解决，本章将引入 "门槛回归" 对股权激励与 R&D 投入的关系进行论证。在已有研究中，学者们已经考察了企业规模、财务资源冗余等变量对企业风险承担能力的影响[98]以及股权集中度对代理问题的显著影响[146,222]。基于此，本章将以企业规模、财务资源冗余以及股权集中度等变量为门槛变量，实证检验股权激励与 R&D 投入关系在这些变量作用下可能存在的结构性变化。

4.2.2.1　企业规模作为门槛变量的股权激励与 R&D 投入关系分析

在诸多影响企业激励机制实施效果的相关影响因素中，资产规模是影响企业管理层激励水平的重要因素。斯密茨等（Smith et al.，1992）研究发现，在规模较大的公司中，管理层应该拥有更高的股权薪酬[225]。基于管理者效用函数递减的假设，汉默尔伯格等（Himmelberg et al.，1999）认为随着公司规模的增长，管理层股权激励水平呈现递减趋势[164]。从公司治理角度而言，资产规模较大的公司具有相对完善的内部控制和管理制度，能够为股权激励效应的实现提供必要的制度环境。从市场角度而言，大规模的公司相比小规模公司具有明显的资源优势和抗风险能力，投资者对其未来经营业绩往往持有积极态度，因此企业推行股权激励能够赢得利好的市场反应，推动公司股价上涨。威廉姆森等（2006）研究认为，企业规模对股权激励的风险激励效应呈现显著的调节作用[239]。

自"熊彼特创新理论"提出以来，诸多学者就企业规模与研发创新的关系进行了深入探究，并得出了完全不一样甚至截然相反的结论。一些学者认为大企业具有更完善的管理制度、更先进的研发设备、更高的管理水平和人才储备水平以及更强大的融资能力，因而具有更强的研发动机和能力，即企业规模与 R&D 投入具有显著正向关系[75,221]。也有学者通过实证检验发现企业规模与 R&D 投入之间并无显著的相关关系[21]。部分学者研究发现企业规模对研发投入具有一定的"挤出效应"，二者呈负相关关系[218]。其他研究则指出企业规模与创新之间存在着显著的倒"U"型关系，即存在着能够使企业创新强度达到最大值的最佳企业规模[88]。尽管已有研究对于企业规模与研发创新的关系存在较大争议，但也从侧面证实了企业规模对研发创新投入水平存在着必然影响。

综上所述，企业规模对于企业股权激励效果的发挥以及 R&D 投入二者都呈现出显著的影响，因此，随着企业规模的变化，管理层股权激励与 R&D 投入之间可能存在着不同的结构变化点，在不同结构变化点构成的阈值区间内，二者关系可能并不相同。据此，本章提出如下假设。

H4 - 2：管理层股权激励对 R&D 投入的影响存在受限于企业规模的门槛效应。

4.2.2.2 财务资源冗余作为门槛变量的股权激励与 R&D 投入关系分析

众所周知，R&D 投入具有不确定性及收益跨周期性等特点，从而导致管理层较难获得充分的企业内外部资源尤其是财务资源进行 R&D 投入。因此，企业自身可用的资源的冗余水平成为影响企业创新决策的又一个重要影响因素。对此，国内外学者对组织资源冗余与企业创新活动之间的关联性展开了深入研究，取得了丰富研究成果。行为理论学者研究发现，在企业资源冗余水平较高的情况下，企业 R&D 投入的积极性明显较高。近年来，财务资源冗余作为一种特殊的组织资源的冗余指标，成为讨论的热点[86]。财务资源冗余又称财务松弛（financial slack），是指企业所拥有的超过现有运营和债务需要的流动资金（如现金和现金等价物）和无风险的借贷能力[98]。吴和涂（2007）研究证实组织的灵活性和战略选择会受到企业资源冗余水平的显著影响，组织资源冗余水平越高，企业 R&D 投入的强度就越大[241]。陈晓红等（2012）研究证实财务资源冗余与企业创新水平之间存在一定的区间性，即只有特定区间内的财务资源冗余才能实现企业创新水平的显著提高[12]。

代理理论基于第一类代理问题的假设，认为财务资源冗余的存在将加剧管理层风险厌恶，使其将更多的冗余资源投入在自身利益最大化的低风险项目中，或者为了追求自身私利，管理层可能利用财务资源冗余进行商业帝国的构建[170,175,182]。如前所述，企业为了有效缓解创新过程中的代理冲突，而推进管理层股权激励，期望提升管理层风险承担能力，提高 R&D 投入。因此，在不同的财务资源冗余水平下，企业代理问题水平存在显著差异，因而管理层股权激励对创新投入的影响也可能存在不同的变化。据此，本章提出如下假设。

H4 – 3：管理层股权激励对企业 R&D 投入的影响存在受限于财务资源冗余的门槛效应。

4.2.2.3　股权集中度作为门槛变量的股权激励与 R&D 投入关系分析

在公司治理的相关研究中，股权结构及其内嵌的代理问题是学者一直关注的热点问题之一。特别是在公司治理机制不完善的条件下，企业股权集中度将使得企业双重代理问题进一步凸显[222]。已有研究表明，较高水平的股权集中度将激发公司控制性股东追求私人利益的内部动机，提高其风险规避偏好水平，从而抑制公司 R&D 投入[123,128]。而部分学者基于发达国家背景的相关研究证实股权集中能够带来有效的监督机制，有效缓解股权过度分散导致的代理冲突，实现对内部控制人问题的治理，最终引起公司 R&D 投入水平的提升[32]。也有学者认为，股权集中度对企业 R&D 投入的影响并非简单的线性关系，而是倒"U"型的曲线关系[124]。

综上所述，已有研究对于股权集中度对企业代理冲突问题影响的讨论尚未形成一致结论。但不可否认的是，股权集中程度与企业内部代理问题之间存在着必然的内在关系。因此，管理层股权激励作为缓解企业代理冲突，提升企业 R&D 投入水平的有效手段，其相关治理效应的实现可能受到企业股权结构的影响[91]。特别是，在股权集中程度较高的企业中，接受股权激励的管理层与大股东之间可能存在着认知冲突，即接受股权激励的管理层更加关注决策的正确与否，在其与大股东之间存在不同认知时将不利于共识的达成，从而不利于股权激励效果的实现[231]。因此，不同股权集中度水平下，管理层股权激励与 R&D 投入之间的关系也可能存在不同的变化。据此，本章提出如下假设。

H4 – 4：管理层股权激励对 R&D 投入的影响存在受限于股权集中度的门槛效应。

4.3 研 究 设 计

4.3.1 样本选择

中国证监会于 2005 年 12 月 31 日正式颁布了《上市公司股权激励管理办法（试行）》，标志着我国股权激励制度的正式实施。考虑前两年股权激励尚处于探索阶段，因此，本章将以 2008～2018 年期间实施股权激励的上市公司为初始样本。根据研究目的，本章对初始样本进行了如下筛选：（1）由于金融保险类上市公司的经营活动和信息披露规则的特殊性，剔除金融保险类上市公司样本；（2）剔除数据不全和 ST、PT 的公司样本；（3）剔除观察期间停止实施股权激励的上市公司样本以及取值当年和上一年度新上市的公司样本；（4）为保证数据的真实性，只保留被会计师事务所出具标准无保留意见的公司样本；（5）由于门槛效应模型分析必须基于严格的平衡面板数据方能实现，因此，本章只保留在观察期间每年均实施了股激励的上市公司样本，最终共获得 158 个有效样本，时间跨度为 11 年的 1738 个观测值的平衡面板数据。

考虑到股权激励对企业研发创新行为的影响存在一定的时滞性，因此本章数据中被解释变量取自 2009～2018 年数据，解释变量和控制变量则选择 2008～2017 年数据。本章股权激励，财务指标相关的样本数据均取自于国泰安数据库（CSMAR）和 Wind 数据库，研发经费投入数据则一部分取自于色诺芬数据库（CCER），一部分从上市公司年报中手工收集整理获得。本章采用 Excel 对数据进行计算和预处理，借助 Stata12.0 进行相关性分析及数据的回归处理。为了避免极端值的影响，本章对所有连续变量数据进行 1% 的缩尾处理。

4.3.2 变量说明

本章主要关注不同企业特征下（企业规模、财务资源冗余以及股权集中度）管理层股权激励与企业 R&D 投入的关系。各变量定义如下。

4.3.2.1　被解释变量

R&D 投入（*RDI*）。根据文献综述，本章采用既有研究思路[30]，以研发经费投入强度衡量企业 R&D 投入水平，采用企业研发支出与营业务收入比值进行衡量，即 *RDI* = 研发支出/营业收入。

4.3.2.2　解释变量

管理层股权激励（*EI*）。现有文献关于股权激励的度量主要有定性和定量两种方法：定性方法是采用 0 ~ 1 虚拟赋值的方式来衡量企业是否实施股权激励对其绩效产生的影响[65]；定量方法主要是采用股权激励授予数量在总股本中的占比来衡量[67]。考虑到股权激励效应的滞后性和不确定性，本章采用定量的方法衡量股权激励。本章以管理层股权激励授予总量与公司总股数的比值作为股权激励强度的具体表征。

4.3.2.3　门槛变量

本章主要从影响股权激励与 R&D 投入关系的三个重要影响变量（即企业规模、财务资源冗余和股权集中度）着手，探讨随着这些因素水平的变化，股权激励对 R&D 投入的影响变化，因此，将企业规模、财务资源冗余和股权集中度三个变量作为本研究的门槛变量。

企业规模（*Size*）：本章借鉴以往研究经验，以企业总资产自然对数值衡量企业规模。

财务资源冗余（*Fs*）：本章采用迪特马尔和马尔特（Dittmar & Mahrt, 2007）关于财务冗余的计量方法，通过构建回归方程估计企业现金持有量与负债能力的期望值，采用企业实际现金持有量、负债程度与期望值的差的绝对值分别表征企业的现金冗余和负债冗余[137]。

现金冗余以企业的超额现金持有量为具体表征，选择辛宇等[87]在研究中所构建的超额现金持有回归模型进行计算，回归模型中的残差项的绝对值即为所求预期现金持有量（*Excashhold*）。以计算出的预期现金持有量与企业实际现金持有量的差值 $Resicash$ 为企业现金冗余，具体计算如式（4.1）和式（4.2）所示：

$$\ln (Cashhold) = \alpha_0 + \alpha_1 Size + \alpha_2 Lev + \alpha_3 Turnover + \alpha_4 Cforatio$$
$$+ \alpha_5 Growth + \alpha_6 Div + \alpha_7 Year + \varepsilon \qquad (4.1)$$

$$Resicash = Cashhold - Excashhod \qquad (4.2)$$

负债冗余的计算是基于资本结构的影响，具体思路同上文所示，首先构建以下回归模型计算企业负债期望值 $Exlev$，减去实际值的值作为负债冗余，以 $Debtcap$ 表示，具体计算如式（4.3）和式（4.4）所示：

$$Lev = \beta_0 + \beta_1 Cashhold + \beta_2 Size + \beta_3 Growth + \beta_4 fix$$
$$+ \beta_5 Devebit + \beta_6 Year + \gamma \qquad (4.3)$$

$$Debtcap = Lev - Exlev \qquad (4.4)$$

在式（4.1）和式（4.2）中，$Cashhold$ 为企业现金资产比率，表征企业实际现金持有，即 $Cashhold$＝年末现金持有额/（总资产账面值－年末现金持有额）；Lev 为企业资产负债率，表征企业资本结构，即 Lev＝总负债/总资产；$Size$ 为企业规模，具体取值为企业总资产的自然对数；$Turnover$ 为总资产周转率，即 $Turnover$＝销售收入净值/期末总资产；$Cforatio$ 为资产现金流回报率，即 $Cforatio$＝经营现金净流量/总资产均值；$Growth$ 为公司成长性，以企业主营业务增长率为具体表征；Div 为股利支付虚拟变量，发放现金股利取值为1，否则为0；$Year$ 为年度虚拟变量。

式（4.3）中，Lev、$Cashhold$、$Size$、$Growth$ 和 $Year$ 变量定义同式（4.1）；Fix 为固定资产比率，即 Fix＝固定资产/总资产；$Devebit$ 为经营风险衡量指标，即经营杠杆系数。

综上所述，企业财务资源冗余（Fs）计算如式（4.5）所示：

$$Fs = Resicash + Debtcap \qquad (4.5)$$

股权集中度（$Cocen$）：参考已有研究[71]，本章将采用第一大股东持股比例衡量企业股权集中度。

4.3.2.4 控制变量

根据已有研究[67,77,86,122]，本章控制了可能影响企业 R&D 投入的变量，包括了公司特征类变量，如企业规模（*Size*）、公司年龄（*Age*）和产权性质（*Property*）等；财务类变量，如资产负债率（*Lev*）、总资产收益率（*Roa*）和公司营业收入增长率（*Growth*）等以及公司治理类变量，如两权分离度（*Separate*）。另外，在不同的年度企业研发投入存在着显著差异，不同行业的研发经费投入情况也存在着差异，因此，在实证过程我们将控制年度和行业变量的影响。各变量的具体定义及说明如表 4 – 1 所示。

表 4 – 1　　　　　　　　　　　模型变量定义及计算

变量类型	变量名称	变量含义	计算方法
被解释变量	*RDI*	研发投入	*RDI* = 研发支出/营业收入
解释变量	*EI*	股权激励强度	管理层股权激励授予总量/公司总股数
门槛变量	*Size*	企业规模	公司总资产的自然对数值
	Fs	财务资源冗余	负债冗余 + 现金冗余 具体计算见式（4.1）~式（4.5）
	Cocen	股权集中度	第一大股东持股比例
控制变量	*Size*	企业规模	公司总资产的自然对数值
	Age	企业年龄	取值年份 – 公司成立年份
	Property	产权性质	国有企业取值为 1，非国有为 0
	Lev	资产负债率	总负责/总资产
	Roa	总资产报酬率	净利润/总资产
	Growth	主营业务增长率	营业收入增长额/上年营业收入总额
	Separate	两权分离度	现金流权/控制权
	Industry	行业变量	根据证监会行业分类标准，制造业企业类别划分到次类，其余行业企业类别划分到门类
	Year	年度变量	虚拟变量，取值年度为 1，否则 0

4.3.3　模型构建

　　理论分析表明，股权激励对企业 R&D 投入存在显著性影响，但现有研究并未对二者的影响关系达成共识。对此，本章首先构建如下模型进行实证检验：

$$FDI = \gamma_0 + \gamma_1 EI + \gamma_2 EI^2 + \gamma_3 Size + \gamma_4 Growth + \gamma_5 Lev + \beta_6 Roa$$
$$+ \gamma_7 Age + \gamma_8 Cocen + \gamma_9 Separate + \gamma_{10} Property$$
$$+ \gamma_{11} Industry + \gamma_{12} Year + \varepsilon \tag{4.6}$$

参考瀚森（1999）面板门槛回归模型[159]，本章将基于股权激励与R&D 投入的影响关系，构建二者之间的门槛回归模型：

$$y_{it} = \begin{cases} z_i + \gamma_1 x_{it} + e_{it} \, (q_{it} \leq \delta) \\ z_i + \gamma_2 x_{it} + e_{it} \, (q_{it} > \delta) \end{cases} \tag{4.7}$$

其中，i 表示企业，t 为年份，q_{it} 为门槛变量，δ 为待估计门槛值，e_{it} 为随机扰动项。

基于这一模型，结合前文分析，本章选取企业规模、财务资源冗余和股权集中度等影响股权激励实施效果的重要变量为门槛变量，讨论这三个变量对股权激励与 R&D 投入关系的门槛效应。在此，将以企业规模（$Size$）为例，构建如下门槛回归模型：

$$RDI_{it} = \gamma_0 + \gamma_1 EI_{it} \times I(Size \leq \delta) + \gamma_2 EI_{it} \times I(Size > \delta) + \gamma_3 Growth$$
$$+ \gamma_4 Lev + \gamma_5 Roa + \gamma_6 Age + \gamma_7 Separate + \gamma_8 Property$$
$$+ Industry + Year + \varepsilon \tag{4.8}$$

根据瀚森（1999）门槛回归的基本理论，回归模型中的残差平方和越小，所估计出的门槛值 δ 越接近真实门槛值[55]。因此，本章基于回归模型残差最小值来确定最终的门槛值。在得到门槛值之后，还需要检验门槛效应的显著性。

4.4　实证结果分析

4.4.1　变量描述性统计

表 4 - 2 列示了各变量描述性统计。如表 4 - 2 所示，股权激励强度平均值 0.037，样本中 63% 的企业管理层股权激励强度超过了平均水平，其

中最小值为 0.075，最大值则达到了 0.286，因此，样本企业的股权激励水平存在着显著的差异，为本章检验股权激励水平对 R&D 投入的影响关系提供较理想的数据特征。财务资源冗余平均值为 0.583，表明样本企业存在一定程度的财务冗余。股权集中程度均值为 0.300，大约 45% 的样本企业超过了这一水平。37% 的样本企业两权分离度为 0，大多数样本企业表现出不同程度的两权分离现象。公司年龄的均值为 12.722，大多数企业正处于创新动力较强的快速发展阶段。样本中，国有企业占 18.6%，其余均为非国有企业，表明国有企业创新主动性明显弱于非国有企业。成长性、资产负债率以及盈利能力等财务指标均在合理范围之内。

表 4 - 2　　　　　　　　　描述性统计

变量名称	均值	标准差	最小值	最大值
RDI	0.034	0.056	0.000	0.349
EI	0.037	0.229	0.075	0.286
Fs	0.583	0.211	0.086	1.273
Size	22.398	1.290	19.486	26.099
Growth	0.190	0.451	−0.604	3.195
Lev	0.475	0.187	0.045	0.900
Roa	0.050	0.060	−0.206	0.239
Age	12.722	5.177	2.000	25.000
Cocen	0.300	0.142	0.079	0.731
Separate	0.072	0.081	0.000	0.315
Property	0.186	0.389	0.000	1.000

4.4.2　相关性检验

为了检验各个变量之间是否存在影响回归结果估计精确性的多重共线性问题，本章在进行回归分析前，通过 Spearman 相关性分析判断多重共线性问题，结果如表 4 - 3 所示。结果表明，各变量之间的相关性系数的绝对值均小于 0.5，即存在较弱的相关性，由此可判断模型不存在严重的多重共线性问题。

表 4－3 相关性检验

变量	1	2	3	4	5	6	7	8	9	10
RDI	1.000									
EI	0.167***	1.000								
Size	-0.039	-0.102***	1.000							
Growth	-0.083***	0.138***	0.087***	1.000						
Lev	-0.220***	0.008	0.372***	0.092***	1.000					
Roa	0.049**	0.167***	-0.003	0.167***	-0.424***	1.000				
Age	0.037	-0.393***	0.358***	-0.020	0.116***	-0.162***	1.000			
Cocen	-0.113***	0.409***	0.197***	0.092***	0.161***	-0.016	-0.058**	1.000		
Separate	-0.001	-0.047*	-0.062**	-0.018	-0.059**	0.044*	0.037	0.027	1.000	
Property	-0.053**	-0.014	0.015	-0.023	-0.029	0.057**	0.052**	0.003	-0.114***	1.000

注：样本量 N=1738；*** $p<0.01$，** $p<0.05$，* $p<0.1$。

4.4.3　实证结果分析

4.4.3.1　管理层股权激励对企业 R&D 投入的影响—多元回归分析

本章根据式（4.6）所构建的多元回归模型检验管理层股权激励与 R&D 投入的非线性关系。Husman 检验表明，固定效应模型要优于随机效应模型，故我们采用了固定效应回归检验上述关系。表 4-4 列示了具体的回归结果。其中，模型（1）为不考虑股权激励平方项的回归结果，模型（2）为加入股权激励平方项的回归结果。

表 4-4　　　　管理层股权激励与 R&D 投入—多元回归分析

变量	RDI	
	模型（1）	模型（2）
EI	0.055 (0.027)	0.071 ** (0.036)
EI2		-0.336 ** (0.043)
Size	0.010 (0.010)	0.010 (0.010)
Growth	-0.007 (0.010)	-0.008 (0.010)
Lev	-0.078 * (0.042)	-0.080 * (0.042)
Roa	-0.026 (0.100)	-0.033 (0.101)
Age	0.007 *** (0.003)	0.008 ** (0.004)
Cocen	-0023 (0.071)	-0.003 (0.078)

续表

变量	RDI	
	模型（1）	模型（2）
Separate	−0.082 * (0.062)	−0.080 * (0.062)
Property	−0.006 (0.021)	−0.007 (0.021)
Constant	−0.231 (0.184)	−0.279 (0.193)
R^2	0.323	0.329

注：N = 1738，本书控制了行业及年度变量的影响；*** p < 0.01，** p < 0.05，* p < 0.1，括号内为稳健性标准误。

模型（1）的回归系数表明，在未加入股权激励平方项的情况下，管理层股权激励与 R&D 投入之间并未发现显著性影响关系。在模型（2）中，加入股权激励平方项后，管理层股权激励的回归系数为 0.071，在 5% 水平上显著，其平方项的回归系数显著为负，表明管理层股权激励对企业 R&D 投入呈现出显著的倒"U"型关系，H4 − 1 成立。根据股权激励及其平方项回归系数，可计算得到倒"U"型曲线的拐点为 0.11，即当股权激励授予数量占公司总股份不超过 11% 时，股权激励能够显著提升 R&D 投入，一旦超过这一限度，将导致 R&D 投入水平的下降。就控制变量而言，资产负债率（*Lev*）与两权分离度（*Separate*）与企业 R&D 投入水平显著负相关，企业年龄（*Age*）则与 R&D 投入水平显著正相关，其他控制变量并未通过显著性检验。

股权激励与 R&D 投入的非线性关系一方面进一步论证了代理理论在中国资本市场中的治理有效性；另一方面也表明，股权激励作为现代企业制度中的重要治理机制，在一定的激励强度范围内能够有效激发创新决策主体的创新积极性，从而为我国企业通过制度创新设计推动技术创新提供了现实证据，间接证实了创新理论对我国企业创新活动的指导意义。本结论也与股权激励计划在我国的不断应用和发展的现实背景相吻合。

4.4.3.2　管理层股权激励对 R&D 投入的影响—门槛效应分析

如前所述，本章将企业规模（*Size*）、财务资源冗余（*Fs*）以及股权集中度（*Cocen*）三个因素变量作为门槛变量对股权激励与 R&D 投入的影响关系进行门槛效应检验。讨论在这三个变量影响下，股权激励对 R&D 投入是否存在门槛效应。表 4 – 5 为最优门槛模型的门槛值、置信区间及门槛效果自抽样检验结果，表 4 – 6 则列示了门槛回归结果。

表 4 – 5　　　　　　最优门槛值、置信区间及门槛效果自抽样检验

Panel A：企业规模（*Size*）							
最优门槛值及置信区间			门槛效果自抽样检验				
	门槛值	置信区间	F 值	P 值	1%	5%	10%
Ito1	21. 803	[20. 498, 23. 829]	26. 878 ***	0. 002	15. 502	2. 639	1. 163
Ito2	21. 973	[21. 880, 23. 264]					

Panel B：财务资源冗余（*Fs*）							
最优门槛值及置信区间			门槛效果自抽样检验				
	门槛值	置信区间	F 值	P 值	1%	5%	10%
Ito1	0. 211	[0. 200, 0. 211]	17. 112 **	0. 000	7. 784	4. 307	3. 028
Ito2	0. 281	[0. 281, 0. 281]					

Panel C：股权集中度（*Cocen*）							
最优门槛值及置信区间			门槛效果自抽样检验				
	门槛值	置信区间	F 值	P 值	1%	5%	10%
Ito1	0. 149	[0. 149, 0. 152]	53. 313 ***	0. 004	31. 851	9. 808	3. 807

注：P 值和临界值均为采用"自抽样法"（Bootstrap）反复抽样 300 次得到的结果；***、** 分别表示在 1%、5% 水平下显著。

表 4 – 6　　　　　　　　门槛效应回归结果

变量	RDI		
	模型（1）	模型（2）	模型（3）
Size		0. 009 (0. 890)	0. 010 (0. 003)

续表

变量	RDI		
	模型（1）	模型（2）	模型（3）
Growth	-0.009 (0.010)	-0.005 (0.530)	-0.005 (0.004)
Lev	-0.057 (0.053)	-0.052 (0.123)	-0.079* (0.093)
Roa	-0.010 (0.105)	-0.043 (0.430)	-0.037 (0.037)
Age	0.009*** (0.004)	0.007** (0.060)	0.008*** (0.329)
Cocen	-0.014 (0.041)	-0.019 (0.270)	
Separate	-0.084* (0.005)	-0.091* (0.490)	-0.069* (0.113)
Property	-0.005 (0.007)	-0.005 (0.025)	-0.003 (0.016)
$EI1$	-0.147*** (0.052)	-0.269*** (0.400)	0.521*** (0.706)
$EI2$	0.187*** (0.082)	0.339*** (0.090)	
$EI3$	-0.133*** (0.046)	-0.297*** (0.820)	-0.062*** (0.040)
Cons	-0.053 (0.041)	-0.218 (0.210)	-0.276 (0.156)
R^2	0.310	0.437	0.506

注：N=1738，本书控制了行业及年度变量的影响；*** $p<0.01$，** $p<0.05$，* $p<0.1$，括号内为稳健性标准误；企业规模（Size）为门槛变量时，控制变量中将剔除该变量，股权集中度（Cocen）作为门槛变量时，也需将其从控制变量中剔除；在模型（1）和模型（2）中，EI_1表示股权激励强度变量（EI）小于最小门槛值，EI_2表示股权激励强度（EI）位于最小门槛值和最大门槛值之间的阈值范围内，EI_3则表示股权激励强度（EI）大于最大门槛值。在模型（3）中，由于单门槛模型，故EI_1表示股权激励强度变量（EI）小于单门槛值，EI_3则表示股权激励强度变量（EI）大于单门槛值，表4-7、表4-8中相关含义与本表一致。

4.4.3.3　企业规模作为门槛变量的股权激励与 **R&D** 投入的关系

企业规模作为门槛变量时，单一门槛和双重门槛都通过了显著性检验，但三重门槛未通过显著性检验，故双重门槛模型为最优门槛模型，表 4-5 中 PanelA 为双重门槛的门槛估计值及置信区间，图 4-1、图 4-2 展示了企业规模双重门槛估计值及其置信区间。根据瀚森（1999）门槛模型的原理，图中 LR（基于回归模型的残差平方和计算而得）的最低点即为对应最优的门槛估计值，LR 曲线与临界线的两个焦点即为对应的置信区间[159]。图中 LR 值显著低于 7.35，故本章的门槛估计值的真实性得到验证。

表 4-6 中模型（1）为企业规模作为门槛变量时的双重门槛效应的回归结果，其中 EI_1 表示 EI 小于最小门槛值（$Size \leqslant \delta_1$），EI_2 表示 EI 介于最小门槛值和最大门槛值之间（$\delta_1 < Size \leqslant \delta_2$），$EI_3$ 则表示 EI 大于最大门槛值（$Size > \delta_2$）。结果表明，当企业规模小于 21.803（即总资产小于 29.4 亿

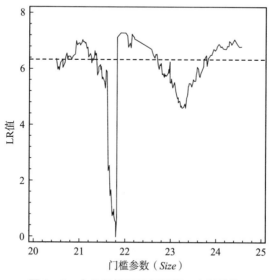

图 4-1　企业规模双重门槛第一个门槛值

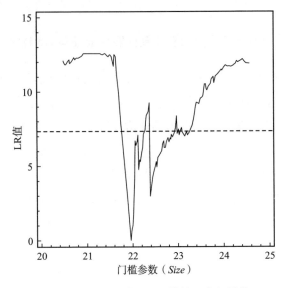

图 4 - 2　企业规模双重门槛第二个门槛值

元）时，股权激励的回归系数为 - 0.147；当企业规模介于 21.803 和 21.973 之间（即总资产大于 29.4 亿元但不超过 34.9 亿元）时，股权激励回归系数为 0.187；当企业规模超过 21.973 时，股权激励回归系数为 - 0.133。从股权激励在上述不同阈值范围内的回归系数来看，当企业规模不超过 29.4 亿元时股权激励对企业 R&D 投入具有显著的负面影响，一旦企业规模超过这一阈值而又不足 34.9 亿元时，回归系数显著为正，说明在这一规模区间内，股权激励能够显著正向地影响企业 R&D 投入。当企业规模超过 34.9 亿元时，管理层股权激励会给企业 R&D 投入带来负面效应。综上所述，管理层股权激励与企业 R&D 投入之间的关系在不同企业规模之间呈现出显著的门槛效应，从而假设 H4 - 2 成立。

4.4.3.4　财务资源冗余作为门槛变量的股权激励与 R&D 投入的关系

当财务资源为门槛变量时，如表 4 - 5 中 PanelB 所示，最优门槛模型为双重门槛模型。图 4 - 3 和图 4 - 4 列示了财务资源冗余的双重门槛估计值及其置信区间，两个最优门槛值分别为 0. 211 和 0. 281。

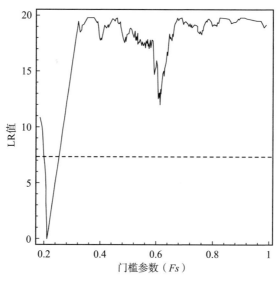

图 4 - 3　财务冗余双重门槛第一个门槛值

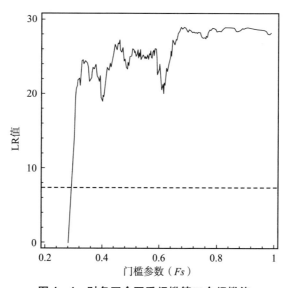

图 4 - 4　财务冗余双重门槛第二个门槛值

表4-6中模型（2）列示了以财务冗余为门槛变量时的双重门槛回归结果，结果显示，当企业财务资源冗余小于0.211时，股权激励对R&D投入的回归系数为-0.269，此时，管理层股权激励对企业R&D投入具有负面效应。这可能是由于企业存在可支配冗余财务资源时，为了满足股权激励的行权条件，管理层将减少风险性较大的R&D投入，将其转移至其他风险更小的更易于实现的战略投资中。当财务资源冗余介于0.211和0.281之间时，股权激励的回归系数为0.339，即股权激励显著地正向影响企业R&D投入。当财务资源冗余水平超过0.281时，股权激励对R&D投入的回归系数为-0.297，即当企业存在较高水平的资源冗余时，推进管理层股权激励将对R&D投入产生显著负面效应。这可能是当企业存在较多冗余资源时，管理层将产生过度投资行为，导致管理层选择自身利益最大化而非股东利益最大化的投资项目。上述结果表明，在不同财务冗余水平范围内，股权激励对R&D投入具有显著的门槛效应，假设H4-3成立。

4.4.3.5 股权集中度作为门槛变量的股权激励与R&D投入的关系

表4-5中，PanelC为当以股权集中程度作为门槛变量时，根据自抽样法得到的门槛效果检验的F统计量及其p值，可知，此时最优门槛模型为单重门槛模型。图4-5为单门槛模型中的门槛估计值及其置信区间。

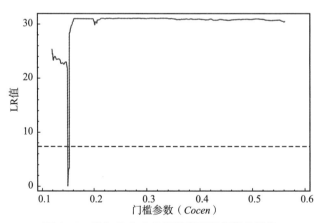

图4-5 股权集中度单门槛模型的门槛估计值

表 4 - 6 中模型（3）的单重门槛回归结果表明，当企业的股权集中度不超过 0.149 时，股权激励对 R&D 投入的回归系数为 0.521，在 1% 水平上显著；当股权集中度超过 0.149 时，股权激励的回归系数为 - 0.062，在 5% 水平上显著，即此时股权激励开始负向影响 R&D 投入。上述结果表明，管理层股权激励对 R&D 投入的影响存在受限于股权集中度的单一门槛效应，从而假设 H4 - 3 成立。上述结论也进一步证实在较低的股权集中度水平下，企业股权结构比较分散，因而代理问题较为突出，此时股权激励能够充分发挥其治理效应，促进 R&D 投入水平的提升。这一结论与 Belloc（2012），李文洲等（2014）等学者的相关研究结论较为一致[32,108]。在股权集中较高的水平下，管理层股权激励对 R&D 投入具有显著的负面影响，这可能是由于大股东"掏空"动机加大了其与管理层的冲突，对 R&D 投入等决策的效率产生负面效应，这一结论与 Van & Steen（2005）中的研究结果一致[231]。

4.5　稳健性检验

为了检验上述研究结果的稳健性，本章将分别通过替换回归模型和门槛效应模型中的被解释变量和解释变量对模型进行重新估计。首先，本章将替换模型（4.6）和（4.8）中的被解释变量，用企业研发投入占公司总资产的比值重新度量 R&D 投入，对模型（4.6）和模型（4.8）进行重新度量。结果如表 4 - 7 所示，其中模型（1）为股权激励与 R&D 投入整体关系的回归结果，模型（2）至模型（4）分别为以企业规模（*Size*）、财务资源冗余（*Fs*）和股权集中度（*Cocen*）门槛变量的股权激励与 R&D 投入的门槛效应结果。

其次，替换模型（4.6）和模型（4.8）中的主要解释变量，重新对模型（4.6）和模型（4.8）进行回归检验。其中，在模型（4.6）中借鉴徐宁等（2013）相关思路，以高管①持股数量与公司总股数比值来替换原

---

① 公司高管是指公司正、副总经理，财务总监，董事长秘书及公司章程规定的其他人员。

模型中股权激励的度量方法；模型（4.8）中除了股权激励采用上述方法重新度量之外，三个主要的门槛变量也将重新度量，比如企业规模采用公司员工人数的自然对数衡量，财务资源冗余则以现金冗余来替代，股权集中度则采用前五大股东持股比例的平方和来度量，结果如表4-8所示。其中，模型（1）为股权激励与R&D投入的多元回归结果，模型（2）至模型（4）分别为以企业规模（Size）、财务资源冗余（Fs）和股权集中度（Cocen）门槛变量的股权激励与R&D投入的门槛效应结果。综述表4-7及表4-8中的稳健性测试结果，与本章实证结论基本一致。

表4-7　　　　　　　　稳健性检验—替换被解释变量

变量	RDI			
	模型（1）	模型（2）	模型（3）	模型（4）
EI	0.502* (0.268)			
EI^2	-0.596* (0.255)			
Size	0.002 (0.006)		0.041 (0.221)	0.025 (0.104)
Growth	0.005 (0.020)	-0.007 (0.023)	0.041** (0.001)	0.018* (0.013)
Lev	-0.116*** (0.038)	-0.184 (0.199)	-0.117** (0.023)	-0.203** (0.107)
Roa	-0.204 (0.151)	-0.213 (0.284)	-0.128 (0.215)	-0.108 (0.109)
Age	0.003* (0.001)	0.012* (0.007)	0.015** (0.002)	0.093** (0.007)
Cocen	-0.115** (0.057)	-0.374 (0.360)	-0.114 (0.203)	
Separate	-0.096 (0.068)	-0.279 (0.191)	-0.112** (0.101)	-0.153** (0.054)

续表

变量	RDI			
	模型（1）	模型（2）	模型（3）	模型（4）
$Property$	- 0.021 (0.014)	- 0.036 ** (0.017)	- 0.014 ** (0.023)	- 0.045 ** (0.003)
EI_1		- 0.316 ** (0.052)	- 0.105 *** (0.021)	0.321 *** (0.054)
EI_2		0.708 *** (0.031)	0.372 *** (0.047)	
EI_3		- 0.283 ** (0.032)	- 0.129 *** (0.014)	- 0.036 *** (0.031)
$Cons$	- 0.065 (0.139)	- 0.070 (0.075)	- 0.222 *** (0.041)	- 0.891 *** (0.152)
R^2	0.381	0.660	0.540	0.551

表 4 - 8　　　　　　　　稳健性检验—替换解释变量

变量	RDI			
	模型（1）	模型（2）	模型（3）	模型（4）
EI	0.091 *** (0.271)			
EI^2	- 0.184 *** (0.687)			
$Size$	0.008 (0.008)		0.006 (0.010)	0.005 (0.08)
$Growth$	- 0.005 (0.010)	- 0.005 (0.007)	- 0.003 (0.007)	0.003 * (0.006)
Lev	- 0.003 *** (0.015)	- 0.070 (0.066)	- 0.072 *** (0.061)	- 0.060 ** (0.055)
Roa	0.035 (0.031)	- 0.001 (0.109)	0.032 (0.118)	0.010 (0.118)

变量	RDI			
	模型（1）	模型（2）	模型（3）	模型（4）
Age	0.007 *** (0.002)	0.007 *** (0.002)	0.007 ** (0.003)	0.007 *** (0.002)
Cocen	−0.056 ** (0.082)	−0.064 (0.071)	−0.070 *** (0.079)	
Separate	−0.088 (0.061)	−0.087 (0.053)	−0.087 ** (0.053)	−0.085 ** (0.053)
Property	−0.006 (0.021)	−0.006 (0.005)	−0.006 ** (0.006)	−0.005 ** (0.005)
EI_1		−1.860 ** (0.901)	−0.210 * (0.106)	0.103 *** (0.079)
EI_2		1.904 * (0.981)	0.037 *** (0.054)	
EI_3		−1.905 ** (0.963)	−0.153 ** (0.061)	−0.009 *** (0.042)
Cons	0.006 (0.055)	−0.013 (0.011)	0.031 (0.057)	−0.032 *** (0.059)
R^2	0.319	0.628	0.522	0.520

4.6　进一步讨论

股权激励与 R&D 投入的关系问题一直以来都是一个争论不休的研究热点，理论层面，大量关于二者之间究竟存在何种影响关系的讨论并未达成共识。在我国企业的创新实践中，高科技企业是股权激励的积极拥护者，这点可以从表 3 - 1 中得到充分体现。然而很多实施股权激励的高科技企业并未实现创新投入和产出水平的显著改善，这一点与相关研究的理论推演并不一致。本章以我国上市公司样本数据证实了股权激励与 R&D

投入之间的非线性关系，尤其是二者之间的门槛效应的发现，对上述问题做出了有效回应。一方面，股权激励与 R&D 投入之间并非简单的线性关系，现实中，部分企业在股权激励实施过程中可能存在的激励不足或激励过度等问题都会影响股权激励对 R&D 投入的治理效果；另一方面，股权激励与 R&D 投入的关系受到企业内外部环境因素的影响，因此，企业推进股权激励的过程中股权激励设计方案不完善也会影响其激励作用的实现。

本章相关研究结论从理论上推动了股权激励与 R&D 投入争议性关系的解决，一方面证实了委托代理理论和风险承担理论在我国资本市场的有效性；另一方面拓展了高阶梯队理论的理论框架和应用范畴，为企业尝试在高阶梯队理论框架内实现股权激励方案设计提供了理论依据。

4.7　本章小结

本章基于 2008~2018 年沪深 A 股实施股权激励的上市公司平衡面板数据，实证考察了股权激励对企业内部 R&D 投入的作用关系。本章通过多元回归模型从整体上再次检验了我国上市公司股权激励与 R&D 投入的非线性关系，结果显示，二者呈显著倒"U"型关系。通过计算可知，当股权激励强度不超过 11% 时，股权激励能够显著提升 R&D 投入；而超过 11% 时，对 R&D 投入产生负向影响。

在此基础上，根据高阶梯队理论，基于已有研究，本章将企业规模、财务资源冗余以及股权集中度等影响管理层风险承担水平和企业代理问题的因素纳入到股权激励与 R&D 投入关系的分析框架中，采用瀚森（1999）门槛回归模型[159]，实证检验了这些影响因素对管理层股权激励与 R&D 投入关系的影响。研究发现，管理层股权激励对 R&D 投入在不同的企业规模、财务资源冗余以及股权集中度水平下，呈现出显著的门槛效应。其中，在企业规模和财务资源冗余两个变量影响下，股权激励与 R&D 投入之间呈现双重门槛效应。即只有当上述两个变量在两个门槛值之间的区间范围内取值时，管理层股权激励才能够正向影响 R&D 投入；而当在小于最小阈值的区间内或者大于最大阈值的区间内取值时，管理层股权激励对 R&D 投入均呈现显著的负面影响。股权集中度变量影响下，股权激励与 R&D 投入之间呈现显著的单门槛效应。即当该变量在不超过该门槛值的区间内取值时，股权激励与 R&D 投入显著正相关；但当其在超过该门槛值的区间内变化时，股权激励与 R&D 投入显著负相关。以上门槛回归的实证结论进一步证实了股权激励与 R&D 投入之间的非线性影响关系。换言之，管理层股权激励对企业 R&D 投入行为的影响受到企业内部因素的制约。企业在进行股权激励方案设计时应当充分考虑企业自身规模、资源冗余以及股权集中度等因素的影响，选择适合自身特征的管理层激励方法才能实现预期的 R&D 投入效应。本章实证结论与稳健性测试的结果基本一致，证实了本章结论的稳健性。

综上，本章相关假设的成立，充分验证了创新理论、风险承担理论以及高阶梯队理论等经典公司治理理论在中国资本市场情景中的有效性，证实了它们在我国公司治理和企业创新研究领域中的理论和实践价值。一方面，本章通过多元回归模型，从整体上证实了股权激励与 R&D 投入之间的倒"U"型关系。该结论表明，作为现代企业制度中的重要治理机制，股权激励在一定的激励强度范围内能够有效激发创新决策主体的创新积极性，从而为我国企业通过制度创新设计推动企业技术创新提供了现实证据。另一方面，门槛回归模型的相关结论为高阶梯队理论在企业构建股权激励体系中的相关应用提供了现实依据，推动了该理论的应用和发展。本章所取得的相关结论也与股权分置改革以来，尤其是近年来股权激励制度在我国的广泛应用和快速发展的现实背景相吻合。

第5章 股权激励对技术并购的影响研究

5.1 引　言

对企业而言，不断加大创新投入，完善创新体系并提高长期创新能力是首要的创新战略[162]。随着全球技术更新速度的加快，如何缩短从 R&D 投入到创新产出的周期，降低内部 R&D 投入的不确定性和风险性，成为企业实现创新突破、赢得市场竞争的关键[51]。在这一背景下，以技术并购为主要手段的外延式创新活动通过为企业提供快速获取外部先进技术和知识的路径而成为内部 R&D 投入之外的另一个重要创新投资战略[243,248]。通过第 3 章 3.2.2 节对我国创新投入的实施现状的概述，可以看到，近年来，随着"一带一路"建设以及供给侧结构性改革等国家发展战略的实施，我国并购市场尤为活跃，尤其是 2013 以来，高科技行业中并购交易的频率和规模呈现了井喷式增长，这表明技术收购已经超越了扩大企业规模或增加产品或服务等并购动机，成为当前我国企业并购的首要驱动因素。随着当前全球技术变革速度的加快，技术并购已经成为我国企业快速弥补创新短板，提升企业研发创新能力的重要途径和首要选择。这一经济现象也引起了国内外学者的关注，成为当前研究热点之一。

尽管大量研究认为，与内部 R&D 投入相比，技术并购具有收益快、不确定性风险小，开发周期短等显著特点，但技术并购的高成本以及并购后的技术融合和吸收问题成为技术并购成功与否的关键[51]，尤其是技术并购过程的复杂性以及并购后的各种不确定性都会导致技术并购的失败率居高不下[131]。因此,管理层在进行外部技术并购时需要面临和承担并购失败的风险。此外,相关研究发现,并购为管理者提供了利益攫取的空间,在缺乏有效的外部监督的情况下,管理层可能基于个人利益进行外部并购,从而产生严重的代理问题,影响企业长期利益的实现[74]。综上,技术并购作为快速提升企业创新绩效的有效途径,对管理层而言也是风险较大的一种投资行为。

随着技术并购的不断发展,内部 R&D 投入与技术并购之间的关系成为理论界和实务界关注的另一个重要问题。最初部分学者认为内部 R&D 投入与技术并购可能存在技术重叠,从而二者之间是一种相互替代关系。但近年来,更多的研究认为内部 R&D 投入与技术并购作为一个整体,能够在企业价值创造过程中实现价值创造的协同效应[118,228]。具体而言,内部 R&D 投入能够提升企业的技术吸收能力[183],进而有利于企业实现技术并购后的整合;反之,企业通过外部技术并购能够弥补内部 R&D 活动的局限性。因此,相比于完全依靠内部 R&D 投入或者技术并购,同时进行技术并购与内部 R&D 投入能够为企业带来更大的边际贡献[118,126]。在现实中,越来越多的企业开始将这种创新投入组合方式作为企业竞争战略的投资导向[138][78]。另外,企业进行技术并购时其原有的研发投资体系面临重组,此时企业需要平衡好内部 R&D 投入与技术并购的关系[142],这种情况下企业如果选择以技术并购完全取代内部 R&D 投入将破坏原有稳定的研发创新体系,对企业带来较高的潜在风险。因此,进行技术并购时,继续保持一定的 R&D 投入能够更好地平衡企业内外部研发投入的关系,同时将有利于企业更好地实现并购后的技术吸收和整合,达到预期的技术并购效果。然而,当前我国多数企业技术并购过程中,相比于技术并购对企业价值创造能力的影响,决策者更关注技术并购交易的达成,甚至为了达成交易,将原本投资于内部 R&D 活动的资源投入技术并购中,以技术并购完全代替自主 R&D 投入[51]。这种非理性的并购动机,可能导致未来并购失败的发生,同时也将严重损害公司股东价值。因此,如何通过有效约束机制,激励并引导企业决策者的理性并购行为成为并购创新领域亟待研究的重要课题之一。

　　为解决上述研究问题，本章基于委托代理理论将股权激励引入到企业技术并购动机研究的分析框架中，将其作为重要治理变量，考察其对技术并购的治理效应。根据委托代理理论与风险承担理论，股权激励作为两权分离背景下企业代理问题的重要治理机制，能够有效提升管理层的风险偏好，影响其对内外部研发战略的选择[46,66,77,241]。然而，已有研究在检验股权激励对企业创新投入影响的实证研究过程中主要侧重于股权激励对于内部 R&D 投入的影响，而对技术并购这种外部 R&D 投资是否具有同样的治理效应还缺乏针对性研究。本章的主要贡献包括两个方面。一方面，通过考察股权激励对技术并购激励有效性的影响，为我国并购领域的企业创新研究提供了新的视角和经验证据；另一方面，本章从外部创新的视角扩展了股权激励对企业创新投入的影响机制的探讨范围，检验了股权激励的信号传递与风险激励效应，以期进一步打开股权激励对创新投入影响机理的"黑箱"，引导我国企业关注并重视技术并购等外部创新活动的治理问题。

5.2　理论分析与研究假设

5.2.1　股权激励与企业技术并购行为的影响关系

　　并购是企业实现快速战略扩张的重要方式，与内部自主 R&D 投入相比，其交易规模较大，可能为企业已有研发体系带来风险。对于管理层而言，技术并购会将其暴露于并购失败的风险中。一旦技术并购失败，企业原有的相对稳定的研发体系可能受到破坏性影响，导致企业成为潜在的被并购对象[165]。另外，相关研究发现，一些管理者进行并购的目的是提升自我权利基础，而非提升公司价值创造，因而损害了股东利益，导致了代理冲突的发生。因此，并购是企业股东与管理者代理冲突的重要诱因之一，同时其也能为企业带来有效改善企业风险状况的机会。

　　国外学者从管理层风险承担激励的视角，对企业并购动机的影响机制展开了研究。尤其是随着以股权激励为主要激励手段的现代公司治理机制研究的不断推进，相关学者将其引入到企业并购动机及行为的分析框架中，对管理层股权激励与企业并购行为之间的关系进行了大量研究，取得了丰富的成果。已有研究从多个视角证实了管理层股权激励对企业并购行为的积极影响。例如爱德曼思和加拜科斯（2011）研究证实，对于风险厌恶型管理者进行股权激励能够有效激励企业实施并购行为，这主要是由于以股权激励为主的风险激励政策具有的"凸性"将管理层的个人收益与股东利益捆绑在一起，从而激励其产生并购等风险性投资的内在动机[143]。哈根多夫和瓦拉斯卡斯（2011）在美国银行并购交易中发现，CEO 薪酬风险的敏感度越高，越倾向于风险性并购活动[157]。本森等（2014）以企业并购为媒介检验了 CEO 股权薪酬与管理层风险承担能力的关系[110]。克洛茨和佩特梅萨斯（2015）以美国上市公司为例实证检验了 CEO 风险激励与企业并购行为之间的显著正相关关系。国内学者对于股权激励与企业并购活动的研究还不多见。已有研究认为，通过并购活动获取私有收益是管理层实施并购交易的主要动力[82]。如姚晓林（2015）研究认为，并购为管理层攫取私人收益提供了操作空间，尤其是在缺乏有效的监督机制的情况下，管理层更可能基于个人收益进行并购，而忽视并购交易的潜在风险，损害股东长期利益，进而产生严重的代理问题[74]。

　　技术并购作为一种特殊的并购活动具有特殊性，这主要体现在其最终目的是获取企业外部相对成熟和先进的创新资源或知识，并且通过技术并购企业能够快速实现价值创造能力的显著提升[203]。尽管相比于 R&D 投入，技术并购的不确定性较小，但其所具有的整合性风险以及较高的交易成本需要管理层具有更强的风险承担能力。此外，随着企业两权分离的加剧，并购过程中管理层与股东之间存在的代理冲突，也成为决定企业技术并购成败的重要风险因素。委托代理理论与风险承担理论指出，股权激励成为现代公司治理环境下，企业提升管理层风险承担能力，有效缓解股东与管理层之间代理冲突的有效治理制度。股权激励通过实现管理层的个人收益与企业业绩的有效关联，能够显著改善管理层的风险规避偏好，提升其进行高风险高回报投资活动的积极性。同时企业激励理论也认为，作为一种长期激励制度，股权激励提高了管理层薪酬合同的风险激励水平，能够激励管理层进行价值最大化的投资活动[113]。在这种情况下，相比于不确定性较大的内部 R&D 投入，在股权激励行权压力下，管理层更可能进行能够快速提升企业创新能力的技术并购活动。因此，从理论层面而言，企业对管理层授予股权激励能够在一定程度上促使技术并购行为的发生。

值得关注的是，内部 R&D 研发投入和外部技术并购是企业提升创新能力的两种主要方式[118]。二者之间究竟是替代关系还是互补关系一直是国内外研究的热点之一。尽管部分研究认为技术并购在一定程度上会影响内部 R&D 投入，尤其是并购导致的高额负债会导致企业减少内部 R&D 投入[118]。但大量的证据表明，单纯的内部 R&D 投入或外部技术并购都不是企业最优的技术创新模式[51]，同时进行外部技术并购和内部 R&D 投入的内外部创新投入组合方式比单一的技术并购对企业创新能力的提升效果更显著[17]。因此，外部技术并购与内部 R&D 投入之间是一种共存关系，而非替代关系，二者在企业价值创造中更多地呈现出协同效应[51]。另外，企业进行技术并购时，将实现对自身 R&D 体系的重构，在这一重构过程中如何平衡内部 R&D 投入与外部技术并购成为企业面临的最大挑战[111]。对于管理层而言，如何平衡内部 R&D 投入与技术并购的关系，成为其实施技术并购时面临的重要挑战。这种情况下，对于管理层而言，同时包括内部 R&D 投入与技术并购的内外部创新投入组合方式成为另一种可选择的创新投入方式，并且相比完全的技术并购，这种同时进行技术并购和 R&D 投入的内外部创新组合的研发方式的技术吸收和知识转移的难度较小，能够为企业带来更大的边际贡献[14,47]。

综上所述，根据委托代理理论与风险承担理论，股权激励能够缓解代理冲突，提升管理层风险承担能力，因此，股权激励强度越大，管理层进行技术并购的动机越强。考虑到内部 R&D 研发投入与外部技术并购的互补性以及企业平衡内、外部 R&D 投资的需要，同时考虑到股权激励行权压力的影响，管理层进行外部创新投入决策时，更可能会倾向于相对稳妥的内外部创新投资组合方式，而非完全的技术并购。据此，本章提出如下假设。

H5 – 1a：不考虑其他因素的影响，股权激励与技术并购行为正相关，即股权激励强度越大，企业越有可能进行技术并购。

H5 – 1b：考虑到内部 R&D 投入与技术并购的共存关系，随着股权激励强度的提升，企业更可能同时进行技术并购与内部 R&D 投入，而非完全的技术并购方式。

5.2.2 并购前 R&D 投入对股权激励与技术并购规模的调节作用

已有研究[100]从多个视角证实技术并购规模与企业并购后创新绩效显著正相关，即技术并购规模越大，并购后企业创新绩效越好[161,248]。进一步研究表明，企业进行技术并购能否实现创新绩效的提升主要取决于其并购所获取的技术、能力等与自身资源的融合程度[96]。换言之，并购后的技术整合和消化吸收程度决定了技术并购的成败，这种技术并购整合效果的不确定性意味着主并方企业面临着较高的并购后的整合风险[100,101]。而鲍尔和马茨勒（Bauer & Matzler，2014）等学者指出，技术并购规模是影响并购后技术整合风险程度的关键因素之一[105]。对主并方企业而言，并购规模越大，其面临的技术转移和消化吸收的挑战越大[145]；相反，并购对象的规模越小，越容易实现并购后的技术吸收和整合[206]。综上，并购规模决定了企业进行技术并购整合的风险大小，从而对管理层选择技术并购所需的风险承担能力提出了更高的要求。已有研究证实了管理层股权激励强度与其风险承担能力之间的显著正向关系[48]。因此，股权激励强度较高的情况下，管理层具有更强的风险偏好，从而其进行技术并购的规模强度越大，因此，二者之间可能存在着显著的正相关关系。

早期研究表明，当并购对象与主并企业存在相似的 R&D 项目或技术时，主并方往往会削减内部 R&D 投入强度，以重构其研发活动的[118,27]。然而，近年来，内部 R&D 投入能够有效地提升技术并购的价值创造作用得到了更多并购领域学者的证实[228]。如瓦伦蒂尼（Valentini，2012）指出，内部 R&D 投入不仅能够创造新知识，还能够帮助企业识别、消化和利用外部技术并购所获得的知识[230]。考虑到内部 R&D 与技术吸收能力的这种显著影响，已有研究中往往将 R&D 投入作为衡量企业技术吸收能力的重要变量[226]。因此，并购前企业的内部 R&D 投入水平越高，其所具有的技术吸收能力越强，从而能够进行更大规模的技术并购。另外，相关研究也表明并购前的 R&D 投入水平能够影响企业参与并购的可能性[196]。综上，在股权激励强度不断增强的情况下，并购前的内部 R&D 投入强度越大，企业越具有进行更大规模技术并购的技术整合和吸收能力。由此可见，并购前的内部 R&D 投入对股权激励与技术并购规模的影响具有更强的提升作用。据此，本章提出如下假设。

H5 - 2a：股权激励与企业技术并购规模显著正相关，即股权激励强度越大，企业进行技术并购的规模越大。

H5 - 2b：并购前的内部 R&D 投入水平正向调节股权激励对技术并购规模的影响。

5.3　研　究　设　计

5.3.1　样本选择

本章采用第 4 章中经过筛选后的 2008～2018 年实施股权激励的 158 家 A 股上市公司为研究样本，共包括 1738 笔观测值。考虑到股权激励影响的时滞性，被解释变量选取 2009～2018 年数据，解释变量和控制变量则选择 2008～2017 年数据。本章关于技术并购的相关数据取自国泰安数据库（CSMAR）和巨潮资讯网（Cninfo）中的上市公司并购交易报告。股权激励以及相关财务指标的相关数据取自于国泰安数据库（CSMAR），R&D 投入数据主要从色诺芬数据库（CCER）和上市公司年报公开数据中手工整理而得。本章采用 Excel 对数据进行计算和预处理，借助 Stata12.0

进行相关性分析及数据的回归处理。为了避免极端值的影响，本章对所有连续变量数据进行 1% 的缩尾处理。

5.3.2 变量描述

本章各变量定义如下。

5.3.2.1 被解释变量

R&D（R&Dmode）。本章主要探讨股权激励对以技术并购为主的外部 R&D 投资行为的影响。如前所述，企业进行技术并购时，需要平衡内部 R&D 投入与技术并购的关系，并且，并购后的技术吸收与融合离不开内部 R&D 投入决定的技术吸收能力。因此，讨论管理层股权激励对技术并购行为的影响，需要考虑内部 R&D 投入与技术并购的平衡问题。随着开放式创新理念的成熟，同时包括 R&D 投入与技术并购的内外部创新投入组合方式成为解决这一问题的有效方式。基于此，为了更全面地讨论股权激励对企业外部创新投入的影响，本章将构建包括内部 R&D 投入、技术并购以及内外部创新投入组合三种 R&D 投入方式的虚拟变量。其中，在取值年份上，若企业只进行了内部 R&D 投入则取值为 1；若企业在取值年份只进行外部技术并购则取值为 2；若企业在取值年份同时进行了技术并购和内部 R&D 投入，则取值为 3。

技术并购规模（*TMAS*）。本章将讨论股权激励与技术并购规模的影响关系以及并购前的内部 R&D 投入对二者的调节效应，因此，技术并购规模是本章回归模型中的另一个重要的被解释变量。本章采用技术并购交易总额与企业上一年度营业收入总额的比值对技术并购规模进行衡量。

即 *TMAS* = 技术并购交易总额/主并方企业上年度营业收入总额。

5.3.2.2 解释变量

管理层股权激励（*EI*）。本章继续采用第 4 章中对管理层股权激励的衡量方法，以管理层股权激励授予总量与公司总股数的比值度量股权激励强度。

5.3.2.3　调节变量

并购前的内部 R&D 投入（RDI_{pre}）。本章借鉴陈晓红（2012）的研究思路[12]，以研发经费投入强度衡量企业 R&D 投入水平，而并购前的内部 R&D 投入采用企业技术并购前一年的研发支出与营业务收入比值衡量。

即 RDI_{pre} = 研发支出/营业收入。

5.3.2.4　控制变量

相关研究指出，企业异质性特征对企业创新方式选择存在显著影响[31,47,81,120]，因此在研究中将企业规模（$Size$）、年龄（Age）以及产权性质（$Prop$）等特征变量纳入到实证模型中进行控制。企业采取资源水平也是影响企业创新投入方式选择的重要因素[86]，因此，本章在构建实证模型时也将现金持有额（$Cash$）、资产负债率（Lev）、总资产收益率（Roa）以及公司营业收入增长率（$Grow$）等财务变量纳入实证模型中。已有研究中也对公司治理结构对企业创新行为的影响问题进行了论证，因此，实证过程也控制了公司治理类变量，如董事会规模（$Board$）、高管权利（$Dual$）、高管薪酬（$Sala$）以及 CEO 性别（$Cgen$）等。最后，模型中也控制了行业及年度变量的影响。具体变量定义如表 5 – 1 所示。

表 5 – 1　　　　　　　　　　　　变量定义与计算方法

变量类型	变量名称	变量含义	计算方法
被解释变量	$R\&Dmode$	研发方式	企业只进行内部 R&D 投入取值为 1，只进行外部技术并购取值为 2，企业既进行了技术并购又进行了内部 R&D 投入则取值为 3
	$TMAS$	技术并购规模	当年技术并购交易总额/上年营业收入
解释变量	EI	股权激励强度	管理层股权激励授予总量/公司总股数
调节变量	RDI_{pre}	并购前 R&D 投入	并购交易上一年度企业研发支出总额/当年营业收入

变量类型	变量名称	变量含义	计算方法
控制变量	*Size*	企业规模	公司总资产的自然对数值
	Age	企业年龄	取值年份 − 公司成立年份
	Prop	产权性质	国有企业取值为1，非国有为0
	Cash	现金持有额	取值前一年的现金及现金等价物/非现金资产
	Lev	资产负债率	总负责/总资产
	Roa	总资产收益率	净利润/总资产
	Grow	主营业务增长率	营业收入增长额/上年营业收入总额
	Board	董事会规模	企业董事会总人数的自然对数值
	Dual	高管权利	董事长与总经理兼任取值为1，否则为0
	Sala	高管薪酬	高管现金薪酬总额的自然对数值
	Cgen	CEO 性别	CEO 为男性取值为1，女性则为0
	Industry	行业变量	据证监会行业分类标准，制造业划分到次类，其余划分到门类
	Year	年度变量	虚拟变量，取值年度为1，否则0

5.3.3　模型设定

如前所述，与完全的技术并购相比，实施技术并购的同时保持必要的内部 R&D 投入能够为企业在创新水平上带来更大的边际贡献[47]。因此，管理层迫于股权激励的行权压力，同时出于均衡内外部创新活动的需要，更可能选择技术并购与 R&D 投入共存的内外部创新投入组合方式，来降低完全的技术并购的潜在风险。因此，对于管理层而言，对其进行股权激励后，其进行外部技术并购决策时，需要考虑上述因素的影响，这种情况下，就形成了包括 R&D 投入、技术并购和 R&D 投入与技术并购的组合方式在内的三种创新投入方案。而本章的主要目的是以技术并购为例，考察股权激励对企业外部创新投入行为的治理效应。对此，本章选择多项 Logit 选择模型能够更好地实现这一研究目的。在该模型中，我们将以内部

R&D 投入为参照方案,分别考察股权激励对技术并购和 R&D 投入与技术并购组合方式的选择概率,以实现对假设 H5 - 1 的检验。式 (5.1) 为根据上述研究目的所构建的多项 Logit 选择模型:

$$\ln\left[\frac{p(R\&Dmode = i \mid x)}{p(R\&Dmode = 1 \mid x)}\right] = \alpha_0 + \alpha_1 EI + \alpha Control + \varepsilon \qquad (5.1)$$

其中,被解释变量为创新投入方式的虚拟变量,如果企业在当年度只进行内部 R&D 投入取值为 1;企业在当年只进行外部技术并购取值为 2;企业在当年同时进行技术并购和内部 R&D 投入则取值为 3。模型以内部 R&D 投入为参照方案,$i = 2$ 表示技术并购方案;$i = 3$ 表示技术并购与 R&D 投入组合方案。$Control$ 为相关控制变量。

为了进一步揭示股权激励对技术并购的影响,本章将从并购规模角度考察股权激励与技术并购规模的关系,同时鉴于 R&D 投入与企业技术吸收能力的影响关系,在模型中引入企业技术并购前的 R&D 投入分析其对股权激励与技术并购规模关系的影响。考虑企业技术并购规模非负,故在 0 处存在左归并,因此本章将采用如下处理限值因变量的面板 Tobit 模型来检验相关假设:

$$TMAS = \beta_0 + \beta_1 EI + \beta Control + \delta + \mu \qquad (5.2)$$

$$TMAS = \gamma_0 + \gamma_1 RDI \times EI + \gamma Control + \delta + \mu \qquad (5.3)$$

其中,模型 (5.2) 检验假设 H5 - 2a;模型 (5.3) 则引入并购前的内部 R&D 投入与股权激励强度的相乘项,检验本章的第 4 个假设 H5 - 2b。

5.4 实证结果分析

5.4.1 描述性统计

表 5 - 2 为样本企业 2008 ~ 2018 年间 R&D 投入的实施情况。其中第 2

列为当年度只进行内部 R&D 投资 (*InOnly*) 的企业数量, 第 3 列为当年度仅通过技术并购进行外部 R&D 投资 (*ExOnly*) 的企业数量, 第 4 列则表示当年同时进行技术并购与内部 R&D 投入 (*In&Ex*) 的企业数量, 第 5 列为没有任何 R&D 投资 (*None*) 的企业。为了更好地反映样本观察期内企业三种 R&D 投资方式的变动趋势, 我们根据表 5－2 计算了各年度三种 R&D 投资方式的样本数量的占比, 如表 5－3 所示。并通过绘制趋势图对样本观测期内各 R&D 投资方式的企业数量的变化趋势进行直观描述 (如图 5－1 所示)。

表 5－2　　　　　　　样本企业 R&D 投入实施情况

年度	*InOnly*	*ExOnly*	*In&Ex*	*None*	全样本
2008	16	44	12	86	158
2009	76	11	19	51	158
2010	94	2	5	57	158
2011	107	3	18	31	158
2012	113	6	20	19	158
2013	109	3	26	20	158
2014	114	7	25	12	158
2015	90	9	50	9	158
2016	49	28	28	53	158
2017	72	30	36	20	158
2018	78	32	35	13	158

表 5－3　　　　　　三种 R&D 投入方式的样本占比统计　　　　单位: %

年度	*InOnly*	*ExOnly*	*In&Ex*
2008	10	28	8
2009	48	7	12

续表

年度	InOnly	ExOnly	In&Ex
2010	59	1	3
2011	68	2	11
2012	72	4	13
2013	69	2	16
2014	72	4	16
2015	57	6	32
2016	31	18	18
2017	46	19	23
2018	49	20	22

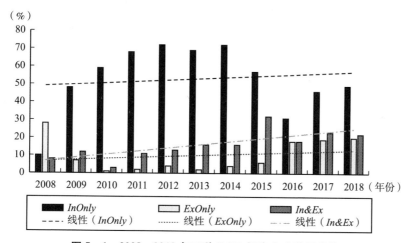

图 5 - 1　2008～2018 年三种 R&D 投资方式发展趋势

如图 5 - 1 所示，在每个观察年度内，三种 R&D 投资方式中，选择内部 R&D 投入的企业所占的比重最大，选择技术并购的企业数量所占比例次之，同时进行内部 R&D 投入与技术并购的企业所占比重最小，这说明内部 R&D 投入依然是企业主要的 R&D 投资方式。通过线性趋势线可以看出，三种 R&D 投资方式均呈现上升趋势，与完全的技术并购方式相比，同时进行内部 R&D 投入与技术并购的企业数量呈现明显上升趋势，这也进一步表明了这种内外部创新投入组合方式将成为未来企业外部创新投入的重要方式。

表 5 - 4 为各变量的描述性统计。结果表明，23.3% 的样本企业在取值年份进行了技术并购交易。从规模上看，技术并购规模（$TMAS$）的最大值为 23.117，均值为 0.059，这表明上市公司的技术并购规模存在较大的差异。股权激励强度（EI）的均值为 0.037，最大值为 0.286，说明上市公司的股权激励水平存在较大差异，也从侧面反映了上市公司股权激励方案的实施情况存在提升空间。并购前的内部研发投入（RDI_{pre}）的均值为 0.050，最大值为 0.314，表明样本企业在并购交易前的研发投入水平存在较大差异。从企业特征来看，企业规模（$Size$）的均值为 22.398，最大值为 26.099，说明样本企业的规模差异不大。公司年龄（Age）均值为 12.722，说明大多样本企业均处于创新能力较强的成长阶段。国有企业占比为 18.6%，反映了非国有企业比国有企业的创新动力更大。从企业财务特征变量的描述性结果可以看出，样本企业的现金持有比较充足，资产负债结构差异较大，各个样本企业在盈利性能力和成长能力方面存在一定差异。从公司治理变量的描述性结果来看，样本企业的董事会规模适中，符合了《公司法》的规定。24.2% 的上市公司存在董事长和总经理的兼任情况。CEO 的现金薪酬也存在较大差异。93% 以上企业的 CEO 为男性，女性比例较少。

表 5 - 4   描述性统计

变量	均值	标准差	最小值	最大值
TMA	0.233	0.423	0.000	1.000
$TMAS$	0.059	0.733	0.000	23.117
EI	0.037	0.229	0.075	0.286
RDI_{per}	0.050	0.232	0.000	0.341
$Size$	22.398	1.290	19.486	26.099
Age	12.722	5.177	2.000	25.000

续表

变量	均值	标准差	最小值	最大值
Prop	0.186	0.389	0.000	1.000
Cash	0.161	0.109	0.035	0.692
Lev	0.475	0.187	0.045	0.900
Roa	0.050	0.060	− 0.206	0.239
Growth	0.190	0.451	− 0.604	3.195
Board	2.172	0.187	1.609	2.833
Dual	0.242	0.429	0.000	1.000
Sala	11.850	3.730	2.303	15.706
Cgen	0.935	0.247	0.000	1.000

注：N = 1738，该表为了描述样本企业技术并购实施情况，设定虚拟变量 *TMA*，若在取值年份样本企业实施了技术并购则取值为 1，否则为 0。

5.4.2　相关性检验

为了检验各个变量之间是否存在影响回归结果估计精确性的多重共线性问题，本章在进行回归分析前，通过 Spearman 相关性分析判断多重共线性问题，结果如表 5 – 5 所示。结果表明，各变量之间的相关性系数的绝对值均小于 0.5，即存在较弱的相关性，由此可判断模型不存在严重的多重共线性问题。

5.4.3　实证结果分析

5.4.3.1　股权激励与技术并购的实证结果分析

本章以企业研发投资方式（*R&Dmode*）为因变量，建立多项 Logit 模型，以股权激励强度为主要解释变量，对企业 R&D 投资方式进行回归。以内部 R&D 投入为参照方案，实证检验管理层股权激励对技术并购等外延式创新投入的影响，结果如表 5 – 6 所示。

表 5-5

Spearman 相关性检验表

变量	1	2	3	4	5	6	7	8	9	10	11	12	13	14
TMAS	1													
EI	0.041	1												
RDI_{pre}	0.657*	0.041	1											
Size	-0.002	0.194***	-0.063**	1										
Age	0.002	-0.429**	0.012	0.396***	1									
Prop	0.013	-0.048*	-0.050*	0.013	0.067**	1								
Cash	-0.040	-0.018	0.000	0.072***	0.014	-0.023	1							
Lev	0.029	-0.102**	-0.127**	0.428***	0.159***	0.021	0.015	1						
Roa	-0.048*	0.093***	0.026	0.098***	-0.182**	0.019	0.005	-0.499**	1					
Growth	0.030	0.006	-0.016	0.074***	-0.039	0.011	0.004	0.089***	0.224***	1				
Board	-0.002	-0.060**	-0.028	0.116***	0.020	-0.060*	0.011	0.069**	0.003	0.016	1			
Dual	0.062**	0.152***	0.081*	-0.057**	-0.150*	-0.097**	0.036	-0.063**	0.075**	0.006	0.155***	1		
Sala	0.065**	-0.059**	-0.077**	0.128***	-0.005	0.032	0.007	0.046*	-0.030	0.006	0.039	0.070*	1	
Cgen	-0.092*	0.035	-0.053*	0.026	-0.044	-0.012	0.006	-0.033	0.042	0.007	-0.018	0.049*	0.028	1

注：样本量 N=1738；*** p<0.01，** p<0.05，* p<0.1。

表 5 – 6　　　　　　　　股权激励对 R&D 投入方式影响的估计结果

变量	(1)	(2)
EI	0. 677 *** (1. 176)	0. 725 *** (0. 360)
Size	0. 020 ** (0. 127)	0. 880 * (0. 746)
Age	− 0. 041 *** (0. 037)	− 0. 061 ** (0. 025)
Prop	− 0. 330 * (0. 320)	0. 652 *** (1. 335)
Cash	1. 174 ** (1. 208)	3. 899 ** (0. 188)
Lev	2. 779 *** (1. 037)	1. 464 * (0. 684)
Roa	3. 179 *** (1. 151)	0. 964 (2. 551)
Growth	0. 404 (0. 568)	0. 626 (0. 324)
Board	0. 262 ** (0. 723)	5. 704 ** (0. 920)
Dual	0. 448 (0. 326)	0. 304 * (0. 203)
Sala	− 0. 014 (0. 030)	− 0. 793 (0. 819)
Cgen	− 0. 457 (0. 387)	0. 327 (0. 355)
Cons	− 2. 775 (2. 876)	− 3. 3288 (1. 594)
$Pseudo - R^2$	0. 380	
$LR\ chi^2$	236. 510 ***	

注：N = 1738，文中控制了行业和年度虚拟变量的影响；*** p < 0.01，** p < 0.05，* p < 0.1，括号内为稳健性标准误。

表5-6中，模型（1）检验了不同股权激励水平下，企业只实施技术并购的概率；模型（2）则检验了不同股权激励水平下，企业同时进行技术并购和内部 R&D 投入方式的概率。

结果表明，在模型（1）中，股权激励的回归系数为 0.677，在 1% 水平上显著。因此股权激励与技术并购显著正相关，即仅从股权激励与技术并购的关系出发，股权激励强度越大，企业越可能进行技术并购，假设 H5-1a 成立。在模型（2）中股权激励的回归系数为 0.725，并通过了 1% 水平的显著性检验。比较模型（1）与模型（2）中 EI 的回归系数大小可以看出，企业股权激励强度越大，相比技术并购方案，企业更可能选择技术并购与内部 R&D 投入组合方案，故假设 H5-1b 成立。在控制变量方面，综合模型（1）和模型（2）结果来看，企业规模、现金持有量、资产负债率以及董事会规模等变量均显著正相关，表明这些控制变量越大，企业同时进行内部 R&D 投入和技术并购的概率越大。在两个模型中，公司年龄与上述两种 R&D 投资方式显著负相关，表明相比于内部 R&D 投资方式，企业成立时间越长，其越不可能进行技术并购或同时进行技术并购和内部 R&D 投入等外部创新投资活动。这一点可能由于公司成立时间越短，其风险承担能力越弱，从而更可能通过自主 R&D 投入实现企业创新。产权性质与技术并购显著负相关，与技术并购和内部 R&D 投入组合方式显著正相关，这表明与内部 R&D 投入相比，国有企业倾向于进行技术并购与 R&D 投入组合方式。

综上，不考虑其他条件的影响，随着企业股权激励强度的提高，企业会更加倾向于进行技术并购；考虑平衡内外创新资源配置以及增强并购后技术吸收能力的需要，随着股权激励强度的提升，企业则更可能倾向于同时进行内部 R&D 投入与外部技术并购，这也进一步证明技术并购与 R&D 投入之间并非完全的替代关系，而是一种促进关系。

5.4.3.2 并购前的内部 R&D 投入对股权激励与技术并购规模关系的调节作用

本章将采用面板 Tobit 回归模型分析股权激励对技术并购规模的影响

以及并购前的内部 R&D 投入的调节作用，结果如表 5 - 7 所示。

表 5 - 7　　股权激励对技术并购规模影响的 **Tobit** 回归结果

变量	模型（1）	模型（2）	模型（3）
EI		1. 694 ** （0. 687）	1. 238 ** （0. 610）
$RDI_{pre} \times EI$			0. 706 *** （3. 952）
$Size$	0. 100 *** （0. 074）	0. 100 ** （0. 073）	0. 067 * （0. 060）
Age	- 0. 008 ** （0. 016）	- 0. 006 ** （0. 017）	- 0. 004 （0. 014）
$Prop$	0. 173 （0. 180）	0. 182 （0. 179）	0. 236 （0. 173）
$Cash$	0. 895 *** （0. 622）	- 0. 882 *** （0. 622）	- 0. 986 * （0. 533）
Lev	0. 277 ** （0. 529）	0. 290 ** （0. 526）	1. 187 *** （0. 452）
Roa	- 3. 968 * （1. 705）	- 4. 032 ** （1. 700）	- 0. 962 （1. 458）
$Growth$	0. 233 * （0. 227）	0. 234 ** （0. 228）	0. 310 * （0. 188）
$Board$	0. 079 （0. 424）	0. 138 （0. 421）	0. 345 （0. 349）
$Dual$	0. 077 （0. 165）	0. 040 （0. 165）	0. 005 （0. 138）
$Sala$	- 0. 032 * （0. 017）	- 0. 029 * （0. 017）	- 0. 021 ** （0. 014）
$Cgen$	0. 476 * （0. 250）	0. 486 * （0. 249）	- 0. 298 * （0. 208）

变量	模型（1）	模型（2）	模型（3）
Cons	2.591 (1.666)	3.102 (1.663)	0.875 (1.455)
sigma_u	0.444*** (0.102)	0.424*** (1.663)	1.196*** (0.082)
sigma_e	1.537*** (0.066)	1.535*** (0.066)	1.425*** (0.051)

注：N=1738，本结果控制了行业变量和年度变量的影响；***p<0.01，**p<0.05，*p<0.1，括号内为稳健性标准误。

表5-7中，模型（1）检验了所有控制变量对技术并购规模的回归结果；模型（2）检验了股权激励与技术并购规模的关系；模型（3）则加入股权激励与并购前的内部R&D投入的交乘项检验并购前的内部R&D投入水平对股权激励和技术并购规模关系的调节效应。

模型（1）中企业规模（Size）的回归系数在1%水平上显著为正，表明企业规模越大，越有能力进行更大规模的技术并购，与以往研究结论一致。企业年龄（Age）与技术并购规模显著负相关，表明年轻企业具有更强的创新动力。其他控制变量中，现金持有量（Cash）、资产负债率（Lev）、营业收入增长率（Growth）以及CEO性别（Cgen）等变量均与技术并购规模呈现显著的正向影响关系，与以往相关研究的结论比较一致。而CEO现金薪酬（Sala）的回归系数显著为负，表明CEO现金薪酬水平较高的情况下，其风险承担水平较低，因而并不愿意冒险进行大规模的技术并购行为，这也支持了以往研究发现的管理层薪酬水平对风险承担水平的负向影响的结论[211]。

在模型（2）中，股权激励（EI）回归系数为1.694，在5%水平上通过了显著性检验，表明股权激励与技术并购规模显著正相关。这表明企业股权激励强度越大，技术并购规模越大，从而假设H5-2a成立。模型（3）较之模型（2），增加了股权激励与并购前的内部R&D投入的交乘项，检验并购前的内部 R&D 投入对股权激励与技术并购规模二者的调节效应，回归结果显示，股权激励的回归系数依然显著为正，而并购前的 R&D 投入与股权激励交乘项（$RDI_{pre} \times EI$）的回归系数为 0.706，通过了 1% 水平的显著性检验，从而验证了假设 H5 - 2b，即并购前的企业内部 R&D 投入水平正向调节股权激励对技术并购规模的影响。

5.5　稳健性检验

本节将对本章的实证结果进行稳健性检验。假设 H5 - 1a 主要讨论股权激励与技术并购行为的关系，而假设 H5 - 2a 则是检验股权激励与技术并购强度的关系，因此，本章将假设 H5 - 1a、H5 - 2a 和 H5 - 2b 三个假设的稳健性检验合并进行。

为了检验假设 H5 - 1a、H5 - 2a 和 H5 - 2b，本章进行如下稳健性检验：其一，在原有样本中剔除技术并购规模为 0 的样本，只保留技术并购规模大于 0 的样本，构建非平衡面板数据结构，重新对模型（5.2）和模型（5.3）进行 OLS 回归分析；其二，将模型（5.2）和模型（5.3）中股权激励的度量方式更换为管理层持股数量与公司总股数的比值，重新对模型（5.2）和模型（5.3）进行 OL 回归。回归结果如表 5 - 8 所示。以上稳健性测试的结果与前文实证结论基本一致，据此可知，假设 H5 - 2a 和 H5 - 2b 的实证结论较为稳健。另外，表 5 - 8 中股权激励与技术并购规模的显著正相关关系，也证实了假设 H5 - 1a 的实证结论较为稳健。

表 5 - 8　　　　　　　基于随机效应回归的稳健性检验结果

变量	（1）	（2）	（3）	（4）
EI	0.325 *** (0.692)	0.803 ** (0.442)	0.629 ** (0.654)	0.810 *** (0.831)
$RDI_{pre} * EI$		0.813 *** (0.729)		0.250 ** (0.760)

续表

变量	(1)	(2)	(3)	(4)
Size	0. 004 ***	0. 036 *	0. 010 ***	0. 013 ***
	(0. 087)	(0. 054)	(0. 087)	(0. 088)
Age	−0. 008 **	−0. 012	−0. 007 *	−0. 007 ***
	(0. 020)	(0. 012)	(0. 019)	(0. 019)
Prop	0. 159	0. 270 **	0. 158	0. 159
	(0. 214)	(0. 133)	(0. 214)	(0. 214)
Cash	1. 422 *	0. 815 ***	1. 409 *	1. 432 *
	(0. 829)	(0. 517)	(0. 828)	(0. 832)
Lev	0. 201 ***	0. 684 *	0. 215	−0. 180
	(0. 662)	(0. 414)	(0. 661)	(0. 670)
Roa	−5. 491 **	−2. 166	−5. 449 **	−5. 497 **
	(2. 300)	(1. 440)	(2. 293)	(2. 300)
Grow	0. 586 ***	0. 275 ***	0. 618 *	0. 632 **
	(0. 392)	(0. 244)	(0. 392)	(0. 395)
Board	0. 008 ***	0. 250 ***	−0. 009	−0. 109
	(0. 517)	(0. 322)	(0. 516)	(0. 016)
Dual	0. 591 ***	0. 303 **	0. 606 ***	0. 604 ***
	(0. 222)	(0. 139)	(0. 220)	(0. 221)
Sala	−0. 041 **	−0. 008 *	−0. 044 **	−0. 0427 *
	(0. 022)	(0. 014)	(0. 023)	(0. 0231)
Cgen	1. 266 ***	0. 385 *	1. 265 ***	1. 273 ***
	(0. 346)	(0. 219)	(0. 346)	(0. 347)
Cons	2. 239 ***	1. 515 ***	2. 526	2. 559
	(2. 021)	(1. 259)	(2. 004)	(2. 009)
R^2	0. 141	0. 659	0. 147	0. 450

注：N = 1066，本次回归控制了行业及年度虚拟变量的影响；第（1）~（2）列结果为，在原有样本中剔除技术并购规模为 0 的样本，只保留技术并购规模大于 0 的样本，重新对模型（5.2）和模型（5.3）进行 OLS 回归的结果；第（3）~（4）列则是在剔除技术并购规模为 0 的样本后的数据基础上，重新度量 *EI* 后对原文模型（5.2）和模型（5.3）进行 OLS 回归的结果。

*** p < 0. 01， ** p < 0. 05， * p < 0. 1，括号内为稳健性标准误。

　　为了检验假设 H5 – 1b 的稳健性，本章将原有样本中只采用了内部 R&D 投资的样本企业剔除，保留样本期间内只进行了技术并购的样本和同时进行了内部 R&D 投入和技术并购的企业样本。被解释变量重新设置为二元虚拟变量，即若企业在当年度同时进行了技术并购和内部 R&D 投入，则取值为 1；若只进行了技术并购则取值为 0，进行二元 Logistic 回归检验。结果如表 5 –9 所示。回归结果显示，股权激励回归系数为 1.122，并通过了 1% 水平上的显著性检验。表明在股权激励的影响下，相比于完全的技术并购，企业更可能同时进行技术并购与 R&D 投入，与前文结论一致，支持了假设 H5 – 1b。综上，本章稳健性检验的结论与前文假设检验的结论基本一致，表明了本章研究结论具有稳健性。

表 5 –9　　　　股权激励与外部 R&D 投资行为关系的稳健性
检验——二元 Logistic 回归分析

变量	R&Dmode（Logistic）
EI	1.122 ***
	(0.356)
Size	0.773 **
	(0.191)
Age	−0.160 ***
	(0.044)
Prop	−0.922 **
	(0.414)
Cash	0.345
	(1.873)
Lev	1.982 *
	(1.295)
Roa	1.920 ***
	(0.543)
Growth	0.432 ***
	(0.687)

变量	R&Dmode（Logistic）
Board	2. 963 *** (1. 142)
Dual	− 0. 138 (0. 427)
Sala	− 0. 055 * (0. 043)
Cgen	0. 543 *** (0. 570)
Cons	− 1. 306 (4. 356)
Pseudo − R^2	0. 327

注：N = 1066，本次回归控制了行业和年度变量的影响； *** p < 0. 01， ** p < 0. 05， * p < 0. 1，括号内为稳健性标准误。

5.6　进一步讨论

综上所述，本章相关假设通过了我国上市公司相关样本数据的检验，证实了股权激励对企业技术并购等外部 R&D 投入存在的积极的治理效应。一方面，相关结论表明，随着现代企业两权分离制度的实现，我国企业存在的严重的代理问题成为影响我国企业外部创新动机的首要负面因素，而作为重要的公司治理机制，股权激励能够有效地缓解企业内外部投资过程中的代理冲突，对企业非理性的技术并购行为具有显著的治理效应，从而提高了企业推进外部创新活动的积极性，并推动了技术知识的转移和升级；另一方面，从我国股权激励的应用现状来看，我国应用股权激励最多的行业集中在了制造业、信息传输、软件和信息技术服务业等创新需求型行业。因此，本章所证实的股权激励对企业技术并购的相关治理作用，与股权激励制度在上述行业中所呈现出的高度认同性、长效激励性和人才约束性等作用相吻合，从理论上对上述股权激励应用现状的内在原因和动机进行了解释。

本章相关结论对我国企业通过技术并购实现企业创新能力提升提供了重要的理论启示。尤其是对于具有较强的技术并购动机的高科技企业而言，本章相关结论对其技术并购失败的内在原因做出了一定解释：技术并购内含的委托代理问题以及企业自身技术吸收能力所决定的并购后整合风险等相关因素都对技术并购活动造成了一定负面影响，抑制了企业决策者对技术并购的积极性。在我国创新驱动发展战略以及供给侧结构性改革等国家发展战略的影响下，高科技企业承担了重要的历史使命，技术并购成为快速提升技术创新能力，积极参与全球技术革命的重要途径。因此本章结论为我国通过推进创新体制机制改革提高高科技企业技术并购积极性提供了有益参考。

5.7　本章小结

本章对股权激励与技术并购的关系进行了实证研究。根据第 3 章中股权激励对技术并购等外部 R&D 投资行为的作用机理的分析，本章认为以股权激励为主的风险激励政策具有的"凸性"，通过捆绑管理层的个人收益与股东利益，有效缓解了创新过程中的代理问题，提高了管理层的风险承担能力，从而激励其进行风险更大的技术并购等外部 R&D 投资活动。考虑内部 R&D 投入与技术并购的共生关系，本章构建了包括 R&D 投入、技术并购和 R&D 投入与技术并购的组合方式在内的三种创新投入方案的虚拟变量，以其为被解释变量，借助多项 Logit 选择模型，以内部 R&D 投入为参照方案，检验股权激励对企业技术并购可能性的影响。另外，本章以技术并购规模为被解释变量，运用 Tobit 回归模型检验了股权激励对技术并购规模的影响以及并购前的内部 R&D 投入的调节作用。实证结果表明，不考虑其他因素的影响，股权激励与企业技术并购行为显著正相关，即股权激励强度越大，企业越倾向于进行技术并购。若考虑内部 R&D 投入的影响，股权激励的实施可能促使管理层更倾向于同时进行内部 R&D 投入和技术并购的内外部创新投入而非单一的技术并购，这也进一步验证了内部 R&D 投入与技术并购的相互促进关系。面板 Tobit 回归结果显示，股权激励强度越大，管理层的风险承担水平越高，从而能够进行更大规模的技术并购活动，而技术并购前的内部 R&D 投入能够正向调节股权激励对技术并购规模的促进作用。为了进一步证明实证结论的可靠性，本章将观察期内，只进行了内部 R&D 投入的企业样本剔除，只保留进行了技术并购和同时实施技术并购与 R&D 投入的样本企业，以技术并购为参照方案，运用二元 Logit 模型再次检验股权激励对外部创新投入的影响。之后，剔除技术并购规模为 0 的样本企业，运用随机效应回归模型对股权激励与技术并购的关系以及并购前的内部 R&D 的调节效应进行再次检验。以上稳健性检验的实证结果与前文一致，从而进一步证实了本章研究结论的稳健性。综上，本章深入探究了股权激励对技术并购等外部研发投资活动的影响，拓展了股权激励对企业创新投资行为的研究视角。

第6章 股权激励对创新绩效的影响及作用路径研究

6.1 引　　言

创新理论指出，无论是技术创新还是制度创新其根本目的都是为了最大程度地获取创新利润。因此，创新产出作为企业创新活动的最终目的，能够更直观地反映股权激励对企业创新活动的激励约束效应。现代激励理论认为，研究股权激励对于企业创新活动是否能够产生有效的激励约束效应，不仅需要从委托代理关系的视角展开分析，还需要从行为主体视角分析作为创新主体的管理者和核心研发人员的行为和动机的重要影响。同时人力资本理论指出，核心员工作为企业中掌握核心技术能力的人力资本，应与企业管理者一样享有企业剩余价值的索取权，在缺乏必要的激励的情况下，核心员工可能出现离职而造成企业人才的流失。作为企业创新过程中两个重要的核心因素，管理层与核心员工在企业创新过程中承担了不同角色。管理层对企业创新产出具有间接影响，具体体现在其对创新投资决策的影响；而作为企业创新战略的执行者和实施者，核心员工对企业创新产出具有直接影响。因此，股权激励对象在创新过程中的不同角色是研究股权激励与企业创新产出关系时不可忽视的重要因素。尤其是，在我国当前股权激励制度设计中，管理层与核心员工是企业股权激励计划的两个主要激励对象。然而，国内外已有研究主要通过多种实证方法，从管理层视角考察管理层股权激励对企业创新产出的提升效应，鲜有研究探讨核心技术员工股权激励对创新产出的影响问题。此外，纵观已有研究，管理层股权激励对企业创新绩效的提升效应已基本上取得了较为一致的结论，即管理层股权激励能够显著地提升企业创新绩效，然而，有关股权激励提升创新绩效的具体路径问题的研究却明显不足。针对上述研究不足，本章以股权激励对象为研究视角，把核心员工股权激励纳入股权激励与创新绩效关系的分析框架中，扩展股权激励创新绩效提升效应的研究视角。在此基础上，本章从内部R&D投入视角进一步研究股权激励创新绩效提升效应的作用路径，并基于创新投入方式异质性特征，分组检验了股权激励的创新绩效提升效应的路径依赖性，试图进一步打开股权激励创新绩效提升效应的路径"黑箱"。

6.2　理论分析与研究假设

6.2.1　股权激励对企业创新绩效的影响——基于激励对象视角的研究

作为企业提升核心竞争力，实现可持续发展的重要途径之一，创新活动具有周期长、风险高以及投入需求大等特点[37]。因此，创新行为的实施主要着眼于企业长期利益，但对于管理者而言，其更加关心与其自身利益直接相关的短期收益。因此，在没有收益保障的情况下，管理者可能更加关注那些能够获得短期收益的决策活动，对于创新决策更加消极和慎重。特别是在当前"两权分离"的情况下，管理者在无法有效分散实施创新战略带来的风险的情况下，比股东更加缺乏创新的内在动力因而呈现出风险规避的特质[10]。股权激励计划通过对高管进行剩余价值索取权的激励，有效地缓解了上述代理冲突[171]。现有研究表明，在合适的持股比例范围内，实施股权激励能够显著地提升企业研发投资的效率[35]。许婷等（2017）认为，在企业内外部环境中，具有长期激励导向的股权激励是管理层产生创新动力的重要原因之一[69]。布兰和桑亚尔（2011）研究发现，实施股权激励之后，企业专利数量呈现明显增长趋势，也就是说，股权激励对企业创新产出呈现出了显著的提升作用[116]。

自 2006 年正式推出股权激励计划以来，股票期权、限制性股票与股票增值权是我国上市公司主要采用的三种股权激励模式。根据国泰安数据库（CSMAR）中相关数据统计，2018 年我国实施股权激励的上市公司中，选择股票期权、限制性股票以及股票增值权等三种股权激励方式的企业数量比重分别为 27%、72% 和 1%。由此可见，国内上市公司主要以前两种股权激励模式为其主要激励模式。由于上述两种激励模式自身设计机理的不同，必然导致激励效果的不同[38]。从机制上而言，作为一种期权形式，股票期权激励模式允许被激励者在未来的一定时期内能够以约定的行权价格及条件购买一定数量的本公司股票；而限制性股票则要求激励对象在满足业绩目标、工作年限等规定条件时才能实现这些股票的收益。从激励效果而言，股票期权能够激励管理层产生风险偏好，从而做出提升企业创新绩效的决策[55]，限制性股票激励能够对企业人才（核心员工）的留用以及长期绩效的提升发挥显著作用[64]。从企业创新过程而言，管理层主要影响创新活动的投入环节，核心员工则是企业研发活动的直接参与者以及研发计划的直接执行者[24]。因此，相比之下，针对核心员工进行股权激励，对具有长期性和不确定性的创新绩效将产生更加直接和积极的提升作用。此外，相关研究也指出，在高科技企业中的一系列员工激励项目中，直接的员工股权激励被认为是激励员工的最佳方式[193]。郎（Long，2010）以及张和巴尔托尔（Zhang & Bartol，2010）等学者进一步指出，员工股权激励通过授予员工部分企业所有权和决策参与权，可以使员工感受到企业的支持，此时，员工会更加努力工作和投入，积极解决工作相关问题从而更具有创造性，最终对企业创新绩效产生直接影响[194,247]。从现实情况来看，2013 年以来，在我国实施股权激励的高新技术企业中，选择限制性股票激励模式的企业数量开始超过选择股票期权激励模式的企业数量，这也从侧面反映出，当前越来越多的企业意识到了核心员工对企业创新绩效的直接作用。综上所述，本章提出如下假设。

H6 - 1：股权激励正向影响企业创新绩效。

H6-1a：管理层股权激励正向影响企业创新绩效。

H6-1b：相比于管理层股权激励，核心员工股权激励对企业创新绩效的正向影响更强。

6.2.2 股权激励影响创新绩效的作用路径分析——基于R&D投入的双重角色分析

如前所述，已有研究更多地关注管理层与股东的代理问题，以及股权激励对这一代理问题的作用机制，忽略了同样是股权激励授予对象的核心员工的相关问题的研究。作为知识、经验与技术创造的重要主体，核心员工是企业研发创新过程中的核心环节和重要参与者[24]，是企业实现价值创造的重要驱动力量。因此，为了实现企业的创新目标，在进行股权激励时，管理层与核心员工是企业股权激励方案中的两个重要激励对象。二者在企业创新中的角色差异导致在通过对其实施股权激励来影响企业创新产出的过程中，呈现出不同的作用路径。

对于管理层而言，作为企业决策群体，他们在整个创新环节中（创新投入—创新产出—创新成果转化）对R&D投入具有决定性影响，对创新计划的制定以及创新资金和人员的投入负责，承担创新失败的风险和责任[77]。面对成本大、风险高以及周期长的创新决策，管理层风险偏好成为关键影响因素[40]。而通过实施管理层股权激励，能够激励其为了实现预期收益的最大化，而更愿意承担投资风险，对风险性较高的研发投资决策产生内在动力，进而增加创新绩效[77]。由此可以看出，管理层股权激励通过影响管理层的风险偏好，对企业研发投入产生积极影响，最终导致了创新绩效的提高。综上，R&D投入是管理层股权激励的结果变量，管理层股权激励可能通过R&D投入对企业创新绩效产生影响。因此本章提出如下假设。

H6-2：R&D投入是管理层股权激励与创新绩效之间的中介变量，三者具有传导作用。

在长期、多阶段的创新过程中，核心员工股权激励能够吸引和留住核心员工，保持企业创新持续性。作为企业创新产出和创新成果转化过程中的核心环节，核心员工的努力程度将会直接影响企业创新绩效的高低[25]。因此，与管理层激励相比，对核心员工的股权激励能够对创新绩效产生更好的促进作用[119]。企业研发投入作为企业创新的必要资源投入，是企业积累内部知识和提升创新能力的必要途径，对企业研发效率具有显著的提升作用[93,179]。研究表明，研发过程中的资金投入能够支持核心员工知识和经验的积累，为其研发试验提供充分的资金保障[234]，即研发投入强度越大，越有利于核心员工的知识积累，从而其工作效率越高，企业研发产出的数量和质量越高。由此可见，研发投入强度的提高有利于核心员工股权激励对创新绩效提升作用的发挥。综上所述，本章提出如下假设。

H6 – 3：研发投入正向调节核心员工股权激励与创新绩效关系。

6.3　研　究　设　计

6.3.1　数据来源与样本选择

本章继续以我国沪深 A 股 2008 ~ 2018 年实施股权激励的上市公司作为研究样本，借助 Wind 数据库和国泰安数据库（CSMAR）数据，并对在此期间的数据进行了如下筛选：（1）由于 ST、PT 公司数据存在不稳定性，剔除所有被 ST 以及 PT 的上市公司样本；（2）考虑到金融企业数据的特殊性，删除所有金融类上市公司；（3）由于股权激励是本书的重要变量，剔除所有未实施股权激励以及中途放弃股权激励的上市公司；（4）本书的主要目的是研究股权激励对创新绩效的影响，因此删除没有创新产出（专利数据不存在）的上市公司。根据上述原则，对数据进行筛选后，共得到 305 家上市公司的 534 个观测值，为非平衡面板数据。

本章股权激励，财务指标相关数据均来自国泰安数据库（CSMAR）和 Wind 数据库，研发经费投入数据部分取自色诺芬数据库（CCER），部分从上市公司年报中手工收集整理获得，创新绩效相关数据来自国泰安专利数据库。本章借助 Excel 进行相关数据预处理，并使用 Stata12.0 对数据进行统计分析。本章对所有连续变量数据进行 1% 的 Winsorize 缩尾处理。

6.3.2　变量定义

6.3.2.1　被解释变量

参考已有文献对企业创新绩效的度量方法，实证过程中，本章将以样本企业的专利申请数量来表征企业创新绩效，同时为了消除企业间的差异性影响，以该变量的自然对数进行回归分析。为了消除股权激励滞后性的影响，在回归中将选择创新绩效滞后一期的数值。

6.3.2.2　解释变量

本章继续采用第 4 章和第 5 章中的股权激励的度量方法，采取样本企业在取值年份的股权激励授予数量与公司总股数的比值作为企业股权激励整体强度的具体表征（EI_T）；以高管权益授予数量与公司总股数比值衡量管理层股权激励强度（EI_m）；以核心员工股权激励的授予数在公司总股数中的比值反映核心员工股权激励强度（EI_e）①。

R&D 投入是本章的另一个重要的自变量。它是管理层股权激励与创新绩效之间的中介变量，也是核心员工股权激励与创新绩效关系的调节变量。本章继续前文中采用的研发经费投入强度（RDI）衡量企业研发经费投入水平。

6.3.2.3　控制变量

研究表明，大企业比小企业具有更多资源进行研发创新[173]，因此本章控制了企业规模的影响。此外，现有研究也发现，企业成长能力、融资负债能力以及盈利能力等变量对企业创新产出具有显著影响[86]，因此，本章分

---

① 高管股权激励授予数量和核心员工股权激励授予数量的相关数据取自于国泰安数据库（CSMAR）治理结构数据中的授予高管权益和授予核心员工权益的统计数据。

别将表征上述能力的主营业务收入增长率、资产负债率以及净资产收益率等变量作为控制变量。此外，作为企业创新成果存量，无形资产代表了企业资产的专用性，与企业创新绩效显著正相关[33,58]，因此，本章也选择实施股权激励前一年的无形资产的自然对数为控制变量。研究表明，企业年龄对创新能力呈现显著影响，因此本章也控制了公司年龄对创新绩效的影响[32]。相关研究指出，不同的年度和行业对创新绩效存在显著影响，为此，本章设置了年度和行业虚拟变量[57]。各变量定义如表 6-1 所示。

表 6-1　　　　　　　　　　　　主要变量定义

	变量名称	变量	变量定义
被解释变量	创新产出	IP	股权激励实施后的第二年所取得的专利数的自然对数
解释变量	股权激励强度	EI_t	股权激励授予总量与公司总股数的比值
	管理层股权激励	EI_m	授予高管权益与公司总股数比值
	核心员工股权激励	EI_e	授予核心员工权益与公司总股数比值
调节变量/中介变量	研发投入	RDI	企业研发支出/营业收入
控制变量	企业规模	$Size$	企业员工总数的自然对数
	成长能力	$Growth$	营业收入增长率
	资产负债率	Lv	总负债/总资产
	盈利能力	Roe	净资产收益率
	无形资产	Int	无形资产净额的自然对数
	企业年龄	Age	取值年份 - 公司成立年份
	产权性质	$Prop$	虚拟变量，国有企业为1，非国有则为0
	年度变量	$Year$	虚拟变量，取值年度为1，否则0
	行业变量	$Industry$	据证监会行业分类标准，制造业企业类别划分到次类，其余行业企业类别划分到门类

6.3.3　模型构建

本章构建以下 5 个模型，采用基于非平衡面板数据的多元回归对本章研究假设进行实证检验，其中，模型（6.1）从整体上检验股权激励对创新产出的影响关系；模型（6.2）、模型（6.3）、模型（6.4）主要检验研发投入在管理层股权激励和创新产出之间的中介作用；模型（6.5）、模型（6.6）主要检验研发投入对核心员工股权激励与企业创新产出的调节作用。经 Hausman 检验最终选择采用固定效应回归。

$$IP = \alpha_0 + \alpha_1 EI_T + \alpha_2 Control + \varepsilon \qquad (6.1)$$

$$IP = \beta_0 + \beta_1 EI_m + \beta_2 Control + \varepsilon \qquad (6.2)$$

$$RDI = \gamma_0 + \gamma_1 EI_m + \gamma_2 Control + \varepsilon \qquad (6.3)$$

$$IP = \delta_0 + \delta_1 EI_m + \delta_2 RDI + \delta_3 Control + \varepsilon \qquad (6.4)$$

$$IP = \theta_0 + \theta_1 RDI + \theta_2 EI_e + \varepsilon \qquad (6.5)$$

$$IP = \mu_0 + \mu_1 RDI + \mu_2 EI_e + \mu_3 EI_e \times RDI + \mu_4 Control + \varepsilon \qquad (6.6)$$

相关研究表明，企业异质性的存在对企业是否实施股权激励、实施的方式和程度等方面具有显著性影响[75]，与此同时，企业在较高的创新产出的条件下，为了保持企业在行业中的领先地位，往往进行更大程度地激励，因而股权激励和创新绩效之间存在交互影响，具有内生性。对此，除了上述固定效应回归之外，本章对于股权激励与创新绩效的关系研究还采用工具变量二阶段最小二乘法（2SLS）。工具变量选取必须满足两个基本条件：（1）与内生解释变量具有高度相关性；（2）工具变量必须是外生变量。研究表明，货币薪酬（Cash）会显著影响股权激励效应的发挥，并且对企业创新绩效存在显著的积极效应，因此本章选择企业平均货币薪酬、管理层年度货币薪酬以及员工年度货币薪酬分别作为企业整体股权激励、管理层股权激励以及核心员工股权激励的工具变量。根据以往研究[22]，内生解释变量的滞后变量是以往研究中常用的工具变量，因此本章选股权激励的滞后一期值（EI_{leg}）作为另一个工具变量。

6.4　实证结果与分析

6.4.1　描述性统计

表 6-2 列示了对自变量和因变量进行描述性统计分析的相关结果。

如表 6 - 2 所示，样本企业专利申请数量的最大值为 6.438，最小值为 2.197，方差 1.146，表明在股权激励实施年份内各企业间的创新产出存在明显差距，从而能够更好地反映股权激励对企业创新绩效的作用效果。此外，控制变量中的企业规模、盈利能力和公司年龄等变量的方差明显高于其他变量，即各样本企业之间存在明显的异质性，而其他各个变量的方差较小，表明样本具有良好的代表性。

表 6 - 2　　　　　　　　　　　　描述性统计

变量	均值	方差	最小值	最大值
IP	3.469	1.146	2.197	6.438
EI_t	0.020	0.020	0.000	0.100
EI_m	0.033	0.081	0.000	0.507
EI_e	0.077	0.154	0.000	0.787
RDI	0.049	0.052	0.000	0.458
$Size$	7.825	1.014	5.687	10.902
$Growth$	0.236	0.274	-0.353	1.300
Lv	0.392	0.166	0.036	0.712
Roe	0.130	0.388	-0.963	2.636
Int	18.417	1.398	13.976	21.830
Age	14.845	4.925	5.000	28.000
$Prop$	0.169	0.375	0.000	1.000

6.4.2　相关性分析

本章采用 Pearson 相关性分析，检验各个变量与企业创新绩效之间的相关关系，结果如表 6 - 3 所示。从表 6 - 3 中可以看出，企业整体股权激励（EI_t）和企业创新绩效之间存在正相关关系，与假设 H6 - 1 的预测较为一致；而管理层股权激励并与创新绩效之间的相关性并不显著，这与假设 H6 - 1a 的预期存在一定偏差有待于进一步论证。核心员工股权激励（EI_e）与创新绩效之间存在显著的正相关性，也与本章假设 H6 - 1b 的预测方向较为一致。

Pearson 相关性分析

表6-3

变量	1	2	3	4	5	6	7	8	9	10	11	12
IP	1											
EI_t	0.057***	1										
EI_m	-0.047	0.129***	1									
EI_e	0.030*	0.180***	0.630***	1								
RDI	0.123***	0.076*	-0.039	-0.089**	1							
Size	0.095**	0.009	0.013	0.022	-0.204**	1						
Growth	0.067	0.032	0.029	-0.021	-0.085*	0.057	1					
Lv	-0.090**	-0.075	0.003	0.000	-0.337***	0.420***	0.037	1				
Roe	-0.042	0.033	0.007	0.011	-0.110**	0.023	0.253***	0.069	1			
Int	0.008	-0.024	0.066	0.014	-0.174***	0.570***	0.010	0.416***	-0.019	1		
Age	-0.105**	0.029	-0.155***	-0.268***	-0.001	0.099**	0.037	0.082*	0.008	0.095**	1	
Prop	0.020	-0.048	-0.056	-0.155***	0.005	0.032	-0.012	0.035	0.033	-0.017	0.051	1

注：样本量 N=534; *** $p < 0.01$, ** $p < 0.05$, * $p < 0.1$。

6.4.3 回归分析

在进行回归分析前，本章将采用条件数对各变量之间的多重共线性问题进行检验，结果显示，数据的条件数小于30，这表明各变量之间不存在明显的多重共线性问题。在此基础上，本章将借助 Stata12.0 软件进行研究假设的统计分析，表6 - 4 和表6 - 5 列示了实证研究的结果。

表6 - 4 股权激励对创新绩效影响的面板回归

变量	（1）	（2）	（3）	（4）	（5）
EI_t		1.042 *** (0.485)	3.012 *** (0.412)		
EI_t^2			− 0.866 (0.007)		
EI_m				1.740 ** (0.820)	
EI_e					1.550 *** (0.382)
RDI	0.440 *** (0.792)	0.823 *** (0.039)	0.286 *** (0.895)	0.893 *** (0.796)	1.186 *** (0.732)
$Size$	0.439 ** (0.191)	0.426 * (0.236)	0.215 (0.214)	0.389 ** (0.191)	0.348 * (0.186)
$Growth$	0.124 (0.268)	0.041 (0.296)	0.002 (0.280)	− 0.156 (0.266)	− 0.081 (0.259)
Lv	− 1.028 (0.860)	− 0.739 (0.877)	− 1.121 (0.845)	− 1.065 (0.853)	− 0.892 (0.831)
Roe	− 0.068 (0.168)	− 0.018 *** (0.166)	− 0.031 ** (0.165)	− 0.038 (0.168)	− 0.056 (0.163)

续表

变量	（1）	（2）	（3）	（4）	（5）
Int	− 0. 095 * （0. 028）	− 0. 137 ** （0. 119）	− 0. 106 ** （0. 116）	− 0. 095 （0. 100）	− 0. 111 *** （0. 097）
Age	− 0. 084 *** （0. 022）	0. 011 （0. 032）	0. 026 （0. 029）	− 0. 068 *** （0. 023）	− 0. 046 * （0. 024）
Prop	− 0. 049 * （0. 307）	− 0. 237 （0. 344）	0. 036 （0. 297）	− 0. 058 *** （0. 304）	− 0. 066 （0. 296）
Cons	3. 398 * （2. 449）	0. 736 （3. 013）	3. 382 （2. 410）	3. 558 * （1. 851）	3. 684 ** （1. 802）
R^2	0. 398	0. 296	0. 228	0. 117	0. 163
F	2. 320 ***	2. 330 ***	2. 990 ***	3. 130 ***	2. 540 ***

注：N = 534，回归中控制了年度和行业的影响；*** $p < 0.01$，** $p < 0.05$，* $p < 0.1$；括号内为稳健性标准误。

表 6 – 5　　　　　　　　　　　2SLS 回归结果

EI_T		
2SLS 第一阶段回归结果		
变量	全样本	管理层股权激励	核心员工股权激励

变量	全样本	管理层股权激励	核心员工股权激励
Cons	0. 065 *** （0. 031）	0. 06 *** （0. 04）	− 0. 081 ** （0. 010）
Cash	− 0. 220 ** （0. 01）	− 0. 011 ** （0. 006）	− 0. 009 ** （0. 001）
EI_{leg}	0. 406 *** （0. 09）	0. 018 *** （0. 112）	2. 451 *** （0. 652）
F	47. 740 **	20. 71 ***	26. 60 ***
$Adj - R^2$	0. 512	0. 552	0. 619

续表

EI_T			
2SLS 第一阶段回归结果			
变量	全样本	管理层股权激励	核心员工股权激励
Cons	0.851 *** (1.464)	2.241 *** (0.764)	1.742 *** (0.634)
EI_T	0.302 ** (0.041)	2.247 *** (2.053)	3.903 *** (1.659)
F	51.320 **	38.640 ***	21.030 ***
$Adj - R^2$	0.678	0.608	0.722

注：借鉴方军雄等（2011）研究思路[16]，企业整体货币薪酬平均值 = ln（当年度支付给职工以及为职工支付的现金流量/企业员工人数）；管理层年度货币薪酬 = ln（当年前三位高管货币薪酬总额）；员工年度货币薪酬 = ln（职工支付的现金 − 现任董、监、高管等薪酬总额）/（企业员工人数 − 现任董、监、高管人数）；*** p<0.01，** p<0.05，* p<0.1；括号内为稳健性标准误；本表未列示其他控制变量；回归中控制年度和行业的影响。

6.4.3.1　股权激励创新绩效提升效应的回归结果分析

（1）基于固定效应回归的结果分析。表 6－4 列示了本章固定效应回归的所有结果，其中，第（1）列主要列示模型中所有控制变量与创新绩效的回归结果。结果显示，RDI 回归系数在 1% 统计水平下显著为正，这表明企业创新投入对企业创新绩效具有显著的正向作用，这一结论与孙早和宋炜（2012）、周菲和杨栋旭（2019）的经验证据较为一致[49,89]。Growth 回归系数为正，但研究并未通过一致性检验，然而可以在一定程度上表明企业成长能力与创新绩效的正向影响关系。企业年龄（Age）回归系数为在 1% 统计水平下显著为负，这表明年轻企业创新能力更强，从而其创新绩效更好，也与以往研究结论较为一致[59]。第（2）列主要列示股权激励强度与创新绩效回归结果。结果表明，股权激励（EI_t）的回归系数在 1% 统计水平下显著为正，即从整体而言，企业股权激励强度与创新绩效正相关，即企业进行股权激励的强度越大，其创新绩效越好，从而假设 H6－1 成立。第（3）列结果为模型引入股权激励强度的平方项后的回归结果，主要对以往研究所发现的股权激励与创新绩效之间的倒"U"型关系进行验证。从股权激励平方项的回归系数来看，尽管其为负值，但并未通过显著性检验，故二者之间并未呈现出以往研究中的倒"U"型关系。综合第（2）、（3）列的回归结果可以充分证实假设 H6 – 1，即股权激励与企业创新绩效显著正相关。

为了检验不同股权激励授予激励对象对创新绩效影响的差异，本章将全样本划分为管理层股权激励样本组和核心员工股权激励样本组进行回归检验。表 6 – 4 中，第（4）列为管理层股权激励对创新绩效的回归结果，第（5）列则为核心员工股权激励对创新绩效的回归结果。结果显示，管理层股权激励回归系数为 1.740，在 5% 统计水平下显著，即管理层股权激励正向影响企业创新绩效，假设 H6 – 1a 成立。第（5）列中，核心员工股权激励回归系数为 1.550，在 1% 统计水平下显著，尽管从回归系数上略低于管理层股权激励，但其对创新绩效影响的显著性更强，从而可以证实核心员工股票对创新绩效的影响要明显高于管理层股权激励，假设 H6 – 1b 成立。

（2）基于 2SLS 回归的结果分析。本章首先基于 Durbin – Hausman（DWH）检验来测试模型中的主要解释变量是否为内生变量。结果显示，DWH 检验的 p = 0.050，即股权激励具有内生性。接下来，本章将通过两阶段最小二乘回归（2SLS）对原模型进行重新回归以剔除内生性问题对实证结论的影响。表 6 – 5 列示了 2SLS 两阶段回归的具体结果。第一阶段的回归结果显示，本章所构建的两个工具变量 $Cash$ 和 EI_{leg} 之间存在显著的相关性，并通过了过度识别检验，即两个工具变量满足了工具变量选择的两个基本条件，为有效性的工具变量。第二阶段回归结果显示，全样本组中，股权激励强度的回归系数在 1% 统计水平下显著，并且其绝对值明显高于固定效应回归中的回归系数。同样，在管理层样本组和核心员工样本组中，股权激励的回归系数均在 1% 统计水平下显著为正，并且回归系数的绝对值也明显大于原模型中的回归系数。上述结果表明，在内生性问题的影响下，固定效应回归模型低估了股权激励对企业创新绩效的提升作用；同时本次结果再次证实了本章假设 H6 – 1、H6 – 1a 和 H6 – 1b 的稳健性。

6.4.3.2　股权激励影响创新绩效的作用路径分析

表 6 – 6 为 R&D 投入中介效应以及调节效应的回归结果。其中第（1）列、第（2）列和第（3）列是根据上文构建的中介效应检验模型（6.2）至模型（6.4）得出的回归结果。第（1）列中，管理层股权激励（EI_m）对创新绩效的回归系数为 1.798，在 5% 统计水平下显著；第（2）列中，管理层股权激励（EI_m）对研发投入（RDI）的回归系数为 0.660，通过 5% 水平的显著性检验；第（3）列中，管理层股权激励和研发投入对于创新绩效的回归系数都通过显著性检验，回归系数分别为 1.740 和 0.893。根据温忠麟等（2009）提出的中介效应的检验步骤，表明研发投入的中介效应存在，而且第（3）列中管理层股权激励 EI_m 的回归系数不为 0 表明，研发投入在管理层股权激励与创新绩效之间起到了部分中介效应。借鉴韩民春等（2011）在其中介效应检验中计算中介效应相对大小的方法[19]，可以计算出，研发投入中介效应在总效应中比重为 25%①，从而可以看出管理层股权激励对企业创新绩效的影响中仅有一小部分是通过内部 R&D 投入实现的。综上所述，研发投入是管理层股权激励与创新绩效之间的部分中介变量，三者具有传导作用，假设 H6 – 2 成立。

表 6 – 6 中第（4）列和第（5）列是根据模型（6.5）和模型（6.6）得出的回归结果，主要检验研发投入（RDI）对核心员工股权激励（EI_e）与创新绩效之间的调节效应。根据第（5）列的结果，可以看到，研发投入（RDI）和核心员工股权激励（EI_e）交叉相乘项（$EI_e \times RDI$）的回归系数为 1.272，在 1% 水平上通过了显著性检验。这表明研发投入正向调节核心员工股权激励与创新绩效的关系，即提高研发投入强度将进一步提高核心员工股权激励对创新绩效的正向影响作用，假设 H6 – 3 通过检验。

---

　① 根据韩民春等（2011）的计算方法，若模型（6.3）中管理层股权激励回归系数为 α，模型（6.4）中研发投入回归系数为 β，管理层股权激励回归系数为 γ，则研发投入中介效应在总效应中的占比为：$q = \alpha \times \beta / (\alpha \times \beta + \gamma)$。

表 6 - 6   **R&D 投入双重角色分析**

变量	R&D 投入中介效应检验			R&D 投入调节效应检验	
	(1)	(2)	(3)	(4)	(5)
EI_m	1.798 ** (0.811)	0.660 ** (0.031)	1.740 ** (0.820)		
RDI			0.893 ** (1.796)	1.186 *** (1.732)	0.178 *** (0.936)
EI_e				1.550 *** (0.382)	1.159 *** (0.509)
$EI_e \times RDI$					1.272 *** (10.96)
$Size$	0.396 ** (0.190)	0.008 (0.0078)	0.389 ** (0.191)	0.348 * (0.186)	0.359 * (0.186)
$Growth$	-0.175 (0.263)	-0.021 ** (0.010)	-0.156 (0.266)	-0.081 (0.259)	-0.077 (0.259)
Lev	-1.080 (0.851)	-0.016 (0.033)	-1.065 (0.853)	-0.892 (0.831)	-0.914 (0.831)
Roe	-0.039 (0.167)	-0.002 (0.006)	-0.038 (0.168)	-0.056 (0.163)	-0.054 (0.163)
Int	-0.092 (0.100)	0.004 (0.004)	-0.095 (0.100)	-0.111 (0.097)	-0.125 (0.098)
Age	-0.067 *** (0.023)	0.002 * (0.001)	-0.068 *** (0.023)	-0.046 * (0.0235)	-0.044 * (0.024)
$prop$	-0.067 (0.303)	-0.010 (0.012)	-0.058 (0.304)	-0.066 (0.296)	-0.072 (0.296)
$Cons$	3.477 * (1.841)	-0.090 (0.070)	3.558 * (1.851)	3.684 ** (1.802)	3.860 ** (1.807)
R^2	0.116	0.179	0.117	0.163	0.168

注：*** p < 0.01，** p < 0.05，* p < 0.1，回归中控制年度和行业的影响；括号内为稳健性标准误。

6.5　稳健性检验

为了保证本章研究结论的稳健性，本章进行了以下稳健性测试：其一，更换被解释变量，采用样本企业在取值年份的发明专利的实际授予数量代替申请数量度量创新绩效（IP），重新对模型（6.1）至模型（6.6）进行回归，结果如表 6 - 7 所示。其二，替换模型中的解释变量，采用股权激励人数占企业总人数的比重作为股权激励整体强度的代理变量[64]；以管理层持股比例作为管理层股权激励强度的代理变量；以员工持股比作为员工股权激励强度的代理变量，采用负二项回归再次对本章所有模型进行重新检验，结果如表 6 - 8 所示。以上稳健性测试的结果与本章实证结果基本一致，表明本章研究结论较为稳健。

表 6 - 7　　　　　　　　稳健性检验—替换被解释变量

变量	（1）	（2）	（3）	（4）	（5）	（6）
EI_t	0. 410 ** （0. 372）					
EI_t^2	- 0. 082 （0. 236）					
EI_m			0. 46 *** （0. 041）	0. 305 *** （0. 041）	0. 743 *** （0. 495）	
RDI					0. 368 * （0. 323）	
EI_e		0. 920 *** （0. 331）				0. 780 *** （0. 146）
$EI_e \times RDI$						0. 181 * （0. 091）

续表

变量	（1）	（2）	（3）	（4）	（5）	（6）
Size	0.688 (0.280)	0.649 ** (0.293)	0.405 *** (0.082)	0.991 ** (0.772)	0.541 * (0.282)	0.438 ** (0.189)
Growth	0.089 (0.415)	−0.021 (0.414)	−0.155 (0.243)	−1.080 (1.271)	−0.044 (0.406)	−0.165 (0.269)
Lv	1.790 (1.101)	1.987 * (1.174)	0.011 (0.398)	−3.720 (3.859)	1.510 (1.663)	0.212 (0.710)
Roe	−0.442 (0.71)	−0.402 (0.733)	0.165 (0.357)	1.733 (2.402)	−0.323 (0.706)	−0.045 (0.443)
Int	−0.455 ** (0.185)	−0.495 ** (0.187)	−0.185 *** (0.065)	−0.623 (0.982)	−0.49 *** (0.182)	0.077 (0.112)
Age	−0.033 (0.021)	−0.033 (0.031)	−0.013 (0.018))	−0.110 (0.161)	−0.019 (0.023)	0.719 (0.920)
Prop	−4.181 *** (0.600)	4.136 *** (0.618)	−0.165 (0.159)	0.563 (1.590)	−4.081 *** (0.582)	−0.637 ** (0.262)
Cons	8.405 ** (4.131)	9.145 ** (4.310)	3.272 *** (1.021)	6.432 (8.910)	5.464 ** (7.230)	4.089 (2.291)
R^2	0.511	0.569	0.209	0.238	0.519	0.213

注：N = 534，回归中，控制了年度和行业变量的影响；*** p < 0.01，** p < 0.05，* p < 0.1；括号内为稳健性标准误。

表6－8　　　　　　　　　　　稳健性检验—替换解释变量

变量	（1）	（2）	（3）	（4）	（5）	（6）
EI_t	0.460 ** (0.125)					
EI_t^2	−0.007 (0.017)					

续表

变量	（1）	（2）	（3）	（4）	（5）	（6）
EI_m			0.610 * （0.328）	1.451 *** （0.693）	2.550 * （1.336）	
RDI					0.011 *** （0.021）	
EI_e		1.332 *** （0.387）				0.699 *** （0.554）
$EI_e * RDI$						0.187 *** （0.118）
Size	0.133 *** （0.287）	0.222 ** （0.266）	0.207 *** （0.269）	2.087 ** （0.950）	0.184 （0.273）	0.243 *** （0.261）
Growth	0.069 （0.341）	0.008 （0.312）	−0.089 （0.311）	−3.067 *** （1.099）	−0.055 （0.319）	−0.014 （0.305）
Lv	−1.245 *** （1.008）	−1.216 *** （0.986）	−1.452 （1.010）	−1.726 （3.569）	−1.433 （1.013）	−1.233 （0.980）
Roe	−0.165 *** （0.313）	−0.216 *** （0.310）	−0.201 （0.316）	0.837 （1.118）	−0.210 （0.318）	−0.210 （0.308）
Int	−0.144 *** （0.141）	−0.138 *** （0.116）	−0.141 （0.118）	−0.138 （0.116）	−0.146 （0.118）	−0.159 （0.116）
Age	−0.033 （0.021）	−0.059 ** （0.027）	−0.065 ** （0.030）	−0.059 ** （0.027）	−0.067 ** （0.030）	−0.059 ** （0.027）
Prop	0.082 （0.328）	0.003 （0.325）	0.001 （0.331）	−0.003 （0.325）	0.016 （0.333）	−0.007 （0.322）
Cons	4.997 *** （3.348）	5.564 ** （2.731）	6.032 ** （2.750）	5.564 ** （2.731）	6.254 ** （2.789）	5.850 ** （2.710）
R^2	0.230	0.270	0.210	0.278	0.231	0.279

注：N = 534，回归中，控制了年度和行业变量的影响； *** $p < 0.01$， ** $p < 0.05$， * $p < 0.1$；括号内为稳健性标准误。

6.6 进一步讨论

本书在第4章和第5章中指出，管理层股权激励对内部 R&D 投入和外部 R&D 投入行为呈现出不同的治理效应。本章研究从创新产出视角进一步证实了股权激励在整体上对企业创新绩效的提升作用。从创新方式而言，内部 R&D 投入在管理层股权激励和创新绩效之间呈现出显著的部分中介作用，即股权激励对于企业创新绩效的影响只是一小部分通过内部 R&D 投入实现的。根据第5章的研究结论，股权激励对技术并购等外部创新行为存在积极的治理效应。需要指出的是，在当前我国市场环境中，企业的 R&D 方式逐渐从内部自主 R&D 研发为主，转向外部 R&D。而不同的 R&D 路径的创新产出效率并不同[39]。对此，本节针对不同的 R&D 投资方式，进行分组检验，比较不同 R&D 路径下，管理层股权激励对企业创新绩效提升效果的差异，进一步揭示了股权激励在提升创新绩效过程中存在的路径依赖。具体而言，根据企业在各年度所进行的 R&D 方式，将样本组划分为三个子样本组：内部 R&D 投入样本组（InOnly），即企业在当年度只进行了 R&D 投入；技术并购样本组（ExOnly），即企业在当年度只进行了技术并购；内外部创新投入组合样本组（In&Ex），即企业在当年度既实施了内部 R&D 投入又进行了外部技术并购。对上述子样本组基于本章模型（6.1）进行多元回归，结果如表6-9所示。

表6-9 股权激励创新绩效提升效应的路径依赖—分组回归结果

变量	InOnly	ExOnly	In&Ex
EI_m	0. 497 *** (0. 048)	1. 152 *** (0. 684)	0. 772 *** (0. 066)
$Size$	0. 056 *	$-1. 152$ * (0. 684)	0. 417 *** (0. 069)

续表

变量	InOnly	ExOnly	In&Ex
Growth	0.001 (0.031)	0.0250 (0.0516)	0.207 ** (0.198)
Lv	0.175 ** (0.080)	0.180 (0.205)	0.068 ** (0.081)
Roe	0.397 (0.470)	0.224 (0.415)	0.103 *** (0.013)
Int	− 0.204 *** (0.080)	− 0.402 *** (0.013)	− 0.307 *** (0.089)
Age	− 0.017 ** (0.008)	0.088 (0.457)	− 0.003 (0.012)
Prop	− 0.022 *** (0.005)	− 0.029 * (0.016)	0.102 (0.160)
Constant	1.299 ** (0.632)	1.078 *** (0.239)	4.551 *** (0.727)
R^2	0.380	0.221	0.382

注：回归中，控制了年度和行业变量的影响；*** $p < 0.01$，** $p < 0.05$，* $p < 0.1$；括号内为稳健性标准误。

结果显示，在三个样本组中，管理层股权激励对企业创新绩效的回归系数均显著正相关，即三种 R&D 投入方式下，管理层股权激励的创新绩效提升作用均得到了证实。从而进一步证实了股权激励通过 R&D 投入提升企业创新绩效的作用路径。从回归系数来看，管理层股权激励（EI_m）在三个样本组中的回归系数分别为 0.497、1.152 和 0.772，都通过了 1% 水平的显著性检验。其中，技术并购子样本组的回归系数最高，其次为内外部创新投入组合样本组，最后为内部 R&D 投入子样本组。由此可以看出，股权激励对于企业创新绩效的提升作用，首先是通过技术并购实现的；其次为同时进行技术并购和内部 R&D 投入的组合方式，这也是近年来逐渐发展起来的开放式创新方式；最后才是内部自主 R&D 投入。这一结论也进一步证实了随着当前技术更新速度的加快，单纯的内部自主研发已经无法满足企业的创新需求。

尽管完全的外部 R&D 方式，比如技术并购等能够给企业带来短期的创新绩效的提升[215]，但其能否提升企业的长期创新能力有待进一步的理论和实践层面的论证[135]。而同时进行技术并购和内部 R&D 投入的创新投资方式对企业创新能力的有效作用，已经得到了大量的理论和实践层面的论证[51,134]。因此，可以预见，这种开放式创新将逐渐成为未来企业创新的首选路径。以上结论也进一步表明股权激励对企业创新绩效的提升存在着显著的路径依赖性，换言之，不同的 R&D 路径下股权激励对创新绩效具有不同的改善作用。

6.7　本 章 小 结

本章以沪深 A 股上市公司为例，实证检验了股权激励的创新绩效提升效应。结果显示，从整体上，企业股权激励强度与创新绩效显著正相关。从股权激励对象来看，核心员工股权激励对创新绩效的提升作用要明显好于管理层股权激励。进一步分析指出，股权激励与企业创新绩效之间的交互影响关系导致本章模型可能存在一定的内生性问题。为了减少这一内生性问题对实证结论的影响，本章采用以样本企业平均薪酬、管理层年度货币薪酬和员工年度货币薪酬为工具变量，采用两阶段最小二乘法对上述模型重新回归，证实了上述结论的可靠性。在影响路径方面，本章实证检验了 R&D 投入在管理层股权激励与核心员工股权激励之间的不同角色。研究发现，R&D 投入是管理层股权激励与企业创新绩效之间的部分中介变量，其中介效应在总效应的比重为 25%；而在核心员工股权激励影响企业创新绩效的过程中则呈现显著的正向调节作用，即 R&D 投入正向调节核心员工股权激励对创新绩效的促进作用。为了确保本章研究结论的稳健性，本章实施了全面的稳健性检验：（1）通过更换被解释变量，即以企业在当年度取得的专利实际授予数量代替以专利申请数度量企业的创新绩效，重新对模型（6.1）至模型（6.6）进行回归。（2）替换模型中的解释变量，选择股权激励授予人数在公司总人数中的占比度量整体的股权激励强度[64]；以管理层持股比例作为管理层股权激励强度的代理变量；以员工持股比作为员工股权激励强度的代理变量，采用负二项回归重新对研究假设进行了实证检验。无论是替换被解释变量还是更换解释变量，其结论均与上文中实证结论保持一致，从而稳健性测试证实了本章研究结论的可靠性。

　　通过 R&D 投入在管理层股权激励与创新产出之间的部分中介作用可以看出，在管理层股权激励对企业创新产出的影响中，内部 R&D 投入起到了部分中介作用。为了进一步分析股权激励提升创新绩效的作用路径，本章进一步分组检验和比较了不同的 R&D 方式下管理层股权激励对企业创新绩效的不同影响。结果显示，在内部 R&D 投入、技术并购以及同时进行内部 R&D 投入与技术并购的内外部创新组合投资方式三种创新方式中，技术并购方式下管理层股权激励的回归系数最高，其次为同时进行技术并购和内部 R&D 投入的内外部创新组合投资方式，最后为内部 R&D 投入方式。由此表明，股权激励的企业创新绩效提升效应是路径依赖的，即不同的创新投入方式下，股权激励对于企业创新绩效的提升作用完全不同。

第7章　研究结论与展望

本章为全书结论，主要包括三部分内容：第一部分为全书研究结论的归纳和总结；第二部分为相关政策建议；第三部分为本书存在的局限性及未来研究的方向。

7.1　研　究　结　论

2021年以来，我国经济发展思路从"三期叠加""新常态""供给侧结构性改革"向"高质量发展""中国式现代化"延伸，发展内涵不断丰富和完善，进一步实现经济增长动能转换成为我国当前经济发展的主旋律。尤其近年来，创新逐渐成为实现我国新旧动能转换，弥补产业短板的有效途径。因此，进一步完善以企业为主体的产业技术创新机制，鼓励各企业通过股权、期权等激励方式，调动科研人员的创新积极性是当前我国加快推进创新驱动发展战略的重要工作之一。自2006年股权分置改革以来，股权激励逐渐成为我国上市公司重要的内部治理机制，其在企业内部激励强化和公司治理完善方面发挥了重要作用，但目前国内学者在股权激励对企业创新投入和产出等创新活动的影响方面的研究明显不足。因此，探究股权激励对我国企业创新活动的促进效应具有十分重要的理论和实践价值。本书以股权分置改革以来沪深A股上市公司为初始研究样本，从创新投入和创新产出两个层面，全面考察股权激励制度与企业创新活动的影响关系及作用机制，主要研究结论如下：

（1）股权激励与内部R&D投入之间存在区间性变化。本部分研究内容主要包括两个部分，一是从股权激励整体视角，实证检验了股权激励与企业 R&D 投入的关系。研究结果表明，股权激励与 R&D 投入存在显著的倒 "U" 型关系，通过计算倒 "U" 型曲线的拐点发现，当股权激励授予数量在企业总股份数量中的比值不超过 11% 时，股权激励对企业 R&D 投入具有正向促进作用；超过 11% 后，会导致更为严重的代理问题，从而对 R&D 投入产生负面影响。二是探索了企业管理层风险承担能力和内部代理问题的影响因素对股权激励与 R&D 投入关系的门槛效应。研究发现，股权激励对 R&D 投入的影响关系存在受限于企业规模、财务资源冗余以及股权集中度等门槛变量的门槛效应，即管理层股权激励对 R&D 投入在不同的企业规模、财务资源冗余以及股权集中度水平下，呈现出显著的结构性影响。具体而言，在企业规模和财务资源冗余两个变量影响下，股权激励与 R&D 投入之间呈现双重门槛效应，即只有当上述两个变量在两个门槛值之间的区间范围内取值时，管理层股权激励才能够正向影响 R&D 投入；而当在小于最小阈值的区间内或者大于最大阈值的区间内取值时，管理层股权激励对 R&D 投入均呈现显著的负面影响。在股权集中度变量影响下，股权激励与 R&D 投入之间呈现显著的单门槛效应，即当该变量在不超过该门槛值的区间内取值时，股权激励与 R&D 投入显著正相关；但当其在超过该门槛值的区间内取值时，股权激励与 R&D 投入显著负相关。

（2）股权激励对技术并购等外部创新投资行为存在显著的治理效应。这一部分也从两个方面展开，一是从决策行为的视角考察了股权激励对并购行为影响。研究发现，在不考虑其他因素的情况下，股权激励能够显著提升企业技术并购的可能性；如果考虑内部 R&D 投入与技术并购的共生关系，股权激励影响下，企业更可能同时进行技术并购与内部 R&D 投入而非完全的技术并购。二是从风险控制视角讨论了股权激励强度对技术并购规模的影响。研究显示股权激励能够显著提高企业技术并购规模，并且并购前的 R&D 投入对股权激励与技术并购规模的关系具有显著的调节作用。

（3）股权激励对企业创新绩效存在推动作用并具有作用路径。一方面，本书从激励对象的视角，实证检验了股权激励对创新绩效的提升效应。研究发现，无论是管理层股权激励还是核心员工股权激励都能够显著提升企业创新产出水平。但二者的效果完全不同，核心员工股权激励对企业创新产出的提升效果要明显好于管理层股权激励。另一方面，本书从内部 R&D 投入的视角，考察了股权激励对企业创新绩效的作用路径。研究显示，内部 R&D 投入在管理层股权激励与创新绩效之间起到部分中介作用，而在核心员工股权激励与创新绩效之间起到了正向调节作用。另外，通过分组检验，本书进一步证实股权激励对创新绩效的提升作用具有路径依赖性，即不同的 R&D 投入方式下，股权激励对企业创新绩效的提升作用完全不同。具体而言，在技术并购、技术并购和内部 R&D 投入组合以及内部 R&D 投入三种 R&D 投入方式中，技术并购方式下股权激励对企业创新绩效的提升作用最好，同时进行技术并购和内部 R&D 投入的组合方式次之，内部 R&D 投入方式作用最小。

综上所述，股权激励对企业创新活动具有显著的治理作用，能够有效缓解企业创新过程中由代理问题和管理层短视等引起的创新动力不足的现象。值得关注的是，在企业创新实践中，大量推行股权激励的企业的创新投入和产出水平并未产生显著改善。究其原因，一方面，部分企业在股权激励实施过程中可能存在激励不足或激励过度等问题；另一方面，股权激励方案设计的不完善影响了其激励作用的实现。

7.2 政策建议

根据本书所取得的研究结论，本书提出如下几点政策建议。

（1）应进一步推广股权激励方案在高科技企业中的应用。研究结果显示，股权激励对内部 R&D 投入和技术并购等外部创新投资决策都具有显著的促进效应。在内部 R&D 投入方面，股权激励与 R&D 投入呈现显著的倒"U"型关系，即在合理的激励强度下（股权激励强度不超过 11%），股权激励对企业 R&D 投入具有显著提升作用，超过这一强度则对 R&D 投入具有抑制作用；在技术并购等外部创新投资方面，股权激励能够激励企业积极地突破创新边界进行技术并购等外部创新投资活动，而并购前企业的 R&D 投资水平对股权激励与技术并购规模之间的影响关系具有积极的调节效应。由此可见，股权激励是促进企业创新投入增长的长效激励机制。在我国全面实施创新驱动发展战略的过程中，高科技企业承担了重要的历史使命，并具有强烈的创新内在动机和需求。此外，高科技行业也是技术并购活动实施的密集行业。因此，应进一步推广股权激励在高科技企业中的应用，充分发挥股权激励对企业内外部创新投资行为的促进作用，提升高科技企业创新投入的积极性。

（2）企业应结合自身实际，完善股权激励机制设计。管理层股权激励对内部 R&D 投入的影响受到企业风险承担和代理问题的相关影响因素（如企业规模、财务资源冗余以及股权集中度水平等）的制约，呈现出显著的门槛效应。股权激励对技术并购规模存在正向影响，并购前的 R&D 投入正向调节股权激励与并购规模的影响，并且股权激励对企业创新产出的影响存在显著的路径依赖。因此，企业在进行股权激励方案设计时应充分借鉴上述研究结论的相关启示，结合自身的实际情况进行股权激励方案的设计。比如以内部 R&D 投入为主的企业应结合自身的资产规模、财务资源冗余水平和股权结构等内部条件，确定是否实施股权激励；对于拟通过技术并购来提升创新能力的企业而言，要基于自身 R&D 投入水平，确定适合的股权激励强度，从而选择规模适合的技术并购对象，以充分实现技术并购对企业创新能力的提升作用。

（3）应推进员工股权激励，实现创新资源投入与股权激励的有效结合。本书发现，核心员工股权激励对企业创新绩效的提升作用明显好于管理层股权激励。该研究结论吻合了当前混合所有制改革背景下国有企业全面推行员工持股计划的现实背景。因此，企业一方面应进一步推行管理层股权激励的适用范围；另一方面也要进一步扩大员工股权激励的范围，将企业创新过程中所有有贡献的员工均纳入股权激励的授予对象范围内，同时还应进一步提高员工股权激励的强度，以更好地激励员工参与创新活动的热情。R&D 投入在管理层股权激励与创新绩效之间承担了部分中介作用，在核心员工与创新绩效之间则呈现显著的调节效应。因此，在全面实施股权激励的过程中，要进一步加大 R&D 投入强度，为提升企业创新效率提供充分的资源保障。

（4）应进一步完善股权激励相关制度设计，保障股权激励效果的实现。对此，首先引导企业不断完善公司法人治理结构，提升和强化董事会的监督职能，有效控制经营风险。其次，督促企业加快完善股东大会对管理层的制约机制，有效抑制管理层私利攫取行为。最后，呼吁政策制定部门进一步完善股权激励相关法律、法规，完善市场监管机制，以提升我国资本市场的运行效率。

7.3　研究局限性和展望

本书从投入—产出视角深入系统地研究了股权激励对企业创新活动的影响，取得了一些研究成果。但本书也存在诸多有待完善之处，这些不足之处也是将来进一步的研究方向。具体表现在以下方面。

（1）股权激励对创新投入影响机制的研究不够完善。一方面，在股权激励与 R&D 投入关系的研究部分，本书从股权激励治理效应外部影响因素视角出发，仅考虑了企业规模、财务资源冗余以及股权集中度三个门槛变量对股权激励与 R&D 投入关系的影响，未考虑其他门槛变量的影响。事实上，影响股权激励治理效应的影响因素的构成十分复杂，除了企业规模、财务资源冗余和股权集中度外，股权激励与 R&D 投入的关系还受到其他多方面因素的影响。因此，未来研究有必要进一步整合更多因素建立更完整的门槛效应分析模型。此外，随着技术并购相关数据的披露，未来应考虑将技术并购方式以及 R&D 投入与技术并购组合方式纳入门槛模型的分析框架中，以期从更加完整的视角揭示不同门槛变量导致的股权激励与创新投入之间的结构性变化的深层次原因。另一方面，本书对于不同门槛变量导致的股权激励与创新投入之间的结构性变化背后原因的分析有待进一步深入，这也是全面揭示股权激励影响创新投入的内在机理"黑箱"

的关键，也是未来进一步研究的一个重要方向。另外，在股权激励与技术并购实证研究部分，本书仅实证检验了股权激励与技术并购之间的影响关系，并未揭示其内在影响路径，因此，未来应进一步深化股权激励与技术并购的相关研究。

（2）样本量存在不足。本书主要研究股权激励对 R&D 投入、技术并购等创新投入和以专利数据为主要表征的创新产出的影响，而这些关键变量在数据获取方面的限制，导致本书损失了大量样本。如国内现有数据库中对于股权激励相关信息的披露并不全面，导致大量样本损失。已有数据统计中关于企业 R&D 投入和专利数据等相关数据的披露不全也造成了大量样本的损失。本书对于技术并购相关信息主要基于国泰安并购数据库和巨潮资讯网中的各企业并购公告进行手工搜集，因此也是造成样本缺失的原因。由于上述原因，导致了本书用于实证分析的样本量偏少，这可能会引起相关实证结果与实际情况的偏离。在未来研究中，随着相关数据的完善和补充，这一问题能够得到缓解。

（3）股权激励对企业创新产出的影响路径的研究尚需深入。本书在股权激励影响创新绩效的作用机制分析中指出，股权激励以创新投入为作用路径对企业创新绩效产生影响，但由于技术并购及内外部创新投入组合的相关样本较少，为了更加客观和精确地考察股权激励影响创新绩效的相关作用路径，本书仅从内部 R&D 投入视角对股权激励影响创新绩效的作用路径进行了深入分析，并未将其他两种外延式 R&D 投入方式（技术并购方式以及 R&D 投入与技术并购组合方式）纳入统一的分析框架中展开分析。因此，基于统一研究框架下的股权激励对企业创新绩效的具体作用路径问题是我们今后研究的另一个重要方向。

（4）企业创新绩效测度方法的科学性有待提升。本书在探讨股权激励对创新绩效的影响过程中，继续采用了较为传统的专利申请数和授予数进行度量。实际上，从发明专利到产生绩效需要一定的过程，因此，专利并不能客观地度量企业创新绩效的实际变化。未来可以考虑采用高新技术产品（服务）占企业总收入的比值更加客观地度量企业创新绩效，以提升研究结论的科学性。

参 考 文 献

[1] 陈林荣，裘益政，王克敏. 股票期权激励计划实施中的研发支出行为研究 [J]. 科研管理，2018，39（2）：86-93.

[2] 李维安，陈钢. 高管持股、会计稳健性与并购绩效——来自沪深A股上市公司的经验证据 [J]. 审计与经济研究，2015，30（4）：3-12.

[3] 王栋，吴德胜. 股权激励与风险承担——来自中国上市公司的证据 [J]. 南开管理评论，2016，19（3）：157-167.

[4] 余明桂，李文贵，潘红波. 管理者过度自信与企业风险承担 [J]. 金融研究，2013（1）：149-163.

[5] 张能鲲，何宇，张永冀. 中国医药上市公司并购与技术创新研究 [J]. 科研管理，2019，40（2）：12-21.

[6] 赵立雨. 内部 R&D 投入、外部资源获取与绩效关系研究 [J]. 科研管理，2016，37（9）：11-19.

[7] 赵息，林德林. 股权激励创新效应研究——基于研发投入的双重角色分析 [J]. 研究与发展管理，2019，31（1）：87-96+108.

[8] 仲为国，李兰，路江涌，等. 中国企业创新动向指数：创新的环境、战略与未来——2017·中国企业家成长与发展专题调查报告 [J]. 管理世界，2017（6）：37-50.

[9] 周泽将，马静，胡刘芬. 高管薪酬激励体系设计中的风险补偿效应研究 [J]. 中国工业经济，2018（12）：152-169.

[10] 张峰，杨建君. 股东积极主义视角下大股东参与行为对企业创新绩效的影响——风险承担的中介作用 [J]. 南开管理评论，2016，19（4）：4-12.

［11］陈华东 . 管理者任期、股权激励与企业创新研究［J］. 中国软科学，2016（8）：112 – 126.

［12］陈晓红，王艳，关勇军 . 财务冗余、制度环境与中小企业研发投资［J］. 科学学研究，2012，30（10）：1537 – 1545.

［13］陈修德，梁彤缨，雷鹏，等 . 高管薪酬激励对企业研发效率的影响效应研究［J］. 科研管理，2015，36（9）：26 – 35.

［14］陈艳艳 . 员工股权激励的实施动机与经济后果研究［J］. 管理评论，2015，27（9）：163 – 176.

［15］杜跃平，徐杰 . CEO 股票期权激励与并购决策关系研究——代理成本的中介作用和 CEO 过度自信的调节作用［J］. 审计与经济研究，2016，31（4）：50 – 61.

［16］方军雄 . 高管权力与企业薪酬变动的非对称性［J］. 经济研究，2011（4）：107 – 120.

［17］高良谋，马文甲 . 开放式创新：内涵、框架与中国情境［J］. 管理世界，2014（6）：157 – 169.

［18］韩宝山 . 技术并购与创新：文献综述及研究展望［J］. 经济管理，2017，39（9）：195 – 208.

［19］韩民春，曹玉平 . 吸收能力、产业集聚与公共研发补贴的效率——基于我国制造业面板数据的实证研究［J］. 中国软科学，2011（S1）：97 – 107.

［20］何德旭 . 经理股票期权：实施中的问题与对策——兼论国有企业激励—约束机制的建立与完善［J］. 管理世界，2000（3）：187 – 192.

［21］贺京同，高林 . 企业所有权、创新激励政策及其效果研究［J］. 财经研究，2012（3）：15 – 25.

［22］胡国强，盖地 . 高管股权激励与银行信贷决策——基于我国民营上市公司的经验证据［J］. 会计研究，2014（4）：58 – 65 + 96.

［23］黄璐，王康睿，于会珠 . 并购资源对技术并购创新绩效的影响［J］. 科研管理，2017，38（S1）：301 – 308.

［24］姜英兵，于雅萍 . 谁是更直接的创新者？——核心员工股权激

励与企业创新 [J]. 经济管理, 2017, 39 (3): 109 - 127.

[25] 姜英兵, 史艺然. 核心员工股权激励与创新产出——基于高新技术企业的经验证据 [J]. 财务研究, 2018 (1): 42 - 54.

[26] 李春琦, 石磊. 国外企业激励理论述评 [J]. 经济学动态, 2001 (6): 61 - 66.

[27] 李丹蒙, 万华林. 股权激励契约特征与企业创新 [J]. 经济管理, 2017, 39 (10): 156 - 172.

[28] 李强, 杨东杰, 刘倩云. 增长期权创造视角下高管股权激励的效果检验 [J]. 管理科学, 2018, 31 (1): 116 - 128.

[29] 李善民, 毛雅娟, 赵晶晶. 高管持股、高管的私有收益与公司的并购行为 [J]. 管理科学, 2009, 22 (6): 2 - 12.

[30] 李天柱, 马佳, 冯薇. 接力创新中下游企业的吸收能力提升机制——一个本土案例的跟踪研究 [J]. 科学学与科学技术管理, 2018, 39 (5): 114 - 125.

[31] 李文贵, 余明桂. 民营化企业的股权结构与企业创新 [J]. 管理世界, 2015 (4): 112 - 125.

[32] 李文洲, 冉茂盛, 黄俊. 大股东掏空视角下的薪酬激励与盈余管理 [J]. 管理科学, 2014 (6): 27 - 39.

[33] 李显君, 王巍, 刘文超. 中国上市汽车公司所有权属性、创新投入与企业绩效的关联研究 [J]. 管理评论, 2018, 30 (2): 71 - 82.

[34] 李小荣, 张瑞君. 股权激励影响风险承担: 代理成本还是风险规避? [J]. 会计研究, 2014 (1): 57 - 63.

[35] 梁彤缨, 雷鹏, 陈修德. 管理层激励对企业研发效率的影响研究——来自中国工业上市公司的经验证据 [J]. 管理评论, 2015, 27 (5): 145.

[36] 林如海, 彭维湘. 企业创新理论及其对企业创新能力评价意义的研究 [J]. 科学学与科学技术管理, 2009, 30 (11): 118 - 121.

[37] 刘宝华, 王雷. 业绩型股权激励、行权限制与企业创新 [J]. 南开管理评论, 2018 (1): 17 - 27.

［38］刘广生，马悦. 中国上市公司实施股权激励的效果［J］. 中国软科学，2013（7）：110 – 121.

［39］刘克寅，宣勇，池仁勇. 企业创新管理中内、外部 R&D 投入的互补性研究——基于中国大中型工业企业的数据分析［J］. 科研管理，2015，36（4）：11 – 21.

［40］吕文栋. 管理层风险偏好、风险认知对科技保险购买意愿影响的实证研究［J］. 中国软科学，2014（7）：128 – 138.

［41］吕长江，张海平. 股权激励计划对公司投资行为的影响［J］. 管理世界，2011（11）：118 – 126.

［42］邱国栋，马巧慧. 企业制度创新与技术创新的内生耦合——以韩国现代与中国吉利为样本的跨案例研究［J］. 中国软科学，2013（12）：94 – 113.

［43］任海云. 公司治理对 R&D 投入与企业绩效关系调节效应研究［J］. 管理科学，2011，24（5）：37 – 47.

［44］沈丽萍，黄勤. 经营者股权激励、创新与企业价值——基于内生视角的经验分析［J］. 证券市场导报，2016（4）：27 – 34.

［45］盛锁，杨建君，刘刃. 市场结构与技术创新理论研究综述［J］. 科学学与科学技术管理，2006，27（4）：92 – 97.

［46］舒谦，陈治亚. 治理结构、研发投入与公司绩效——基于中国制造型上市公司数据的研究［J］. 预测，2014（3）：45 – 50.

［47］宋迪，戴璐，杨超. 股权激励合约业绩目标设置与公司创新行为［J］. 中央财经大学学报，2018，372（8）：51 – 63.

［48］苏坤. 管理层股权激励、风险承担与资本配置效率［J］. 管理科学，2015，28（3）：14 – 25.

［49］孙早，宋炜. 企业 R&D 投入对产业创新绩效的影响——来自中国制造业的经验证据［J］. 数量经济技术经济研究，2012，29（4）：49 – 63 + 122.

［50］谭洪涛，袁晓星，杨小娟. 股权激励促进了企业创新吗？——来自中国上市公司的经验证据［J］. 研究与发展管理，2016，28（2）：

1 –11.

[51] 唐清泉，巫岑．基于协同效应的企业内外部 R&D 与创新绩效研究 [J]．管理科学，2014（5）：12 –23.

[52] 唐清泉，夏芸，徐欣．我国企业高管股权激励与研发投资——基于内生性视角的研究 [J]．中国会计评论，2011（1）：21 –42.

[53] 唐清泉，徐欣，曹媛．股权激励、研发投入与企业可持续发展——来自中国上市公司的证据 [J]．山西财经大学学报，2009，31（8）：77 –84.

[54] 田轩，孟清扬．股权激励计划能促进企业创新吗 [J]．南开管理评论，2018，21（3）：176 –190.

[55] 屠立鹤，孙世敏．股票期权激励，常规收入与高管风险承担——基于期权价值异质性的视角 [J]．预测，2018，37（2）：29 –36.

[56] 万华林．股权激励与公司财务研究述评 [J]．会计研究，2018（5）：52 –58.

[57] 王红建，李茫茫，汤泰劼．实体企业跨行业套利的驱动因素及其对创新的影响 [J]．中国工业经济，2016（11）：73 –89.

[58] 王宛秋，马红君．技术并购主体特征、研发投入与并购创新绩效 [J]．科学学研究，2016，34（8）：1203 –1210.

[59] 王晓珍，邹鸿辉．产业政策对风电企业创新绩效的作用机制分析——基于时滞和区域创新环境的考量 [J]．研究与发展管理，2018，30（2）：33 –45.

[60] 魏洁云，江可申，李雪冬．中国高技术产业创新投入与产出的关联测度分析 [J]．数量经济技术经济研究，2014（1）：77 –92.

[61] 温成玉，刘志新．技术并购对高技术上市公司创新绩效的影响 [J]．科研管理，2011，32（5）：1 –7 +28.

[62] 温忠麟，刘红云，侯杰泰．调节效应和中介效应分析 [M]．北京：教育科学出版社，2012.

[63] 吴育辉，吴世农．高管薪酬：激励还是自利？——来自中国上市公司的证据 [J]．会计研究，2010（11）：40 –48 +96 –97.

［64］肖淑芳，石琦，王婷，等. 上市公司股权激励方式选择偏好——基于激励对象视角的研究［J］. 会计研究，2016（6）：55–62.

［65］肖淑芳，喻梦颖. 股权激励与股利分配——来自中国上市公司的经验证据［J］. 会计研究，2012（8）：49–57.

［66］徐海峰. 高新技术企业股权激励与创新投入的协同效应研究［J］. 科学管理研究，2014（4）：92–95.

［67］徐宁. 高科技公司高管股权激励对 R&D 投入的促进效应——一个非线性视角的实证研究［J］. 科学学与科学技术管理，2013，34（2）：12–19.

［68］徐长生，孔令文，倪娟. A 股上市公司股权激励的创新激励效应研究［J］. 科研管理，2018，39（9）：93–101.

［69］许婷，杨建君. 股权激励、高管创新动力与创新能力——企业文化的调节作用［J］. 经济管理，2017（4）：53–66.

［70］杨慧辉，徐佳琳，潘飞，等. 异质设计动机下的股权激励对产品创新能力的影响［J］. 科研管理，2018，39（10）：1–11.

［71］杨建君，王婷，刘林波. 股权集中度与企业自主创新行为：基于行为动机视角［J］. 管理科学，2015（2）：1–11.

［72］杨力，朱砚秋. 股权激励模式对股权激励效果的影响——基于 A 股市场的经验证据［J］. 山东社会科学，2017（3）：102–108.

［73］杨瑞龙，周业安. 交易费用与企业所有权分配合约的选择［J］. 经济研究，1998（9）：27–36.

［74］姚晓林，刘淑莲. CEO 股权激励会影响上市公司的并购决策吗——来自中国上市公司股权并购事件的经验证据［J］. 山西财经大学学报，2015，37（12）：91–102.

［75］叶陈刚，刘桂春，洪峰. 股权激励如何驱动企业研发支出？——基于股权激励异质性的视角［J］. 审计与经济研究，2015，30（3）：12–20.

［76］易靖韬，张修平，王化成. 企业异质性、高管过度自信与企业创新绩效［J］. 南开管理评论，2015，18（6）：101–112.

［77］尹美群，盛磊，李文博. 高管激励、创新投入与公司绩效——基于内生性视角的分行业实证研究［J］. 南开管理评论，2018（1）：109 – 117.

［78］应瑛，刘洋，魏江. 开放式创新网络中的价值独占机制：打开"开放性"和"与狼共舞"悖论［J］. 管理世界，2018，34（2）：144 – 160 + 188.

［79］余海宗，吴艳玲. 合约期内股权激励与内部控制有效性——基于股票期权和限制性股票的视角［J］. 审计研究，2015（5）：57 – 67.

［80］余江，陈凯华. 中国战略性新兴产业的技术创新现状与挑战——基于专利文献计量的角度［J］. 科学学研究，2012，30（5）：682 – 695.

［81］余琰，李怡宗. 高息委托贷款与企业创新［J］. 金融研究，2016（4）：99 – 114.

［82］张洽，袁天荣. CEO 权力、私有收益与并购动因——基于我国上市公司的实证研究［J］. 财经研究，2013（4）：101 – 110.

［83］张维迎，吴有昌，马捷. 公有制经济中的委托人—代理人关系：理论分析和政策含义［J］. 经济研究，1995（4）：10 – 20.

［84］张向旺，傅萍，唐建荣，等. 上市公司高管股权激励对企业并购模式影响的实证分析［J］. 中国证券期货，2012（12）：12 – 13.

［85］张玉娟，张学慧，长青，等. 股权结构、高管激励对企业创新的影响机理及实证研究——基于 A 股上市公司的经验证据［J］. 科学管理研究，2018，36（2）：67 – 70 + 75.

［86］赵息，林德林，郝婷. 财务资源冗余对研发投入的影响研究——股权激励的调节效应［J］. 预测，2017，36（3）：36 – 41.

［87］中山大学管理学院课题组，辛宇，徐莉萍，等. 控股股东性质与公司治理结构安排——来自珠江三角洲地区非上市公司的经验证据［J］. 管理世界，2008（6）：118 – 126.

［88］周方召，符建华，仲深. 外部融资、企业规模与上市公司技术创新［J］. 科研管理，2014，35（3）：116 – 122.

［89］周菲，杨栋旭. 高管激励、R&D 投入与高新技术企业绩效——

基于内生视角的研究 [J]. 南京审计大学学报，2019，16（1）：71 - 80.

　　［90］周建波，孙菊生. 经营者股权激励的治理效应研究——来自中国上市公司的经验证据 [J]. 经济研究，2003（5）：74 - 82 + 93.

　　［91］周仁俊，高开娟. 大股东控制权对股权激励效果的影响 [J]. 会计研究，2012（5）：50 - 58 + 94.

　　［92］朱德胜. 不确定环境下股权激励对企业创新活动的影响 [J]. 经济管理，2019，41（2）：55 - 72.

　　［93］邹文杰. 研发要素集聚、投入强度与研发效率——基于空间异质性的视角 [J]. 科学学研究，2015，33（3）：390 - 397.

　　［94］Aboody D, Hughes J, Liu J, et al. Are executive stock option exercises driven by private information？[J]. Review of Accounting Studies, 2008, 13（4）：551 - 570.

　　［95］Aguilera R V, Jackson G. The cross-national diversity of corporate governance：Dimensions and determinants [J]. Academy of Management Review, 2003, 28（3）：447 - 465.

　　［96］Ahuja G, Katila R. Technological acquisitions and the innovation performance of acquiring firms：A longitudinal study [J]. Strategic management journal, 2001, 22（3）：197 - 220.

　　［97］Alegre J, Chiva R. Linking Entrepreneurial Orientation and Firm Performance：The Role of Organizational Learning Capability and Innovation Performance [J]. Journal of Small Business Management, 2013, 51（4）：491 - 507.

　　［98］Alessandri T M, Pattit J M. Drivers of R&D investment：The interaction of behavioral theory and managerial incentives [J]. Journal of Business Research, 2014, 67（2）：151 - 158.

　　［99］Alexiev A S, Jansen J J, Van Den Bosch F A, et al. Top management team advice seeking and exploratory innovation：The moderating role of TMT heterogeneity [J]. Journal of Management Studies, 2010, 47（7）：1343 - 1364.

[100] Aminova E. Forecasting potential innovation activities in high-tech industries triggered by merger and acquisition deals: A framework of analysis [J]. European Journal of Futures Research, 2016, 4 (1): 5.

[101] Arvanitis S, Lokshin B, Mohnen P, et al. Impact of External Knowledge Acquisition Strategies on Innovation: A Comparative Study Based on Dutch and Swiss Panel Data [J]. Review of Industrial Organization, 2015, 46 (4): 359 –382.

[102] Attig N, Cleary S, El Ghoul S, et al. Institutional Investment Horizons and the Cost of Equity Capital [J]. Financial Management, 2013, 42 (2): 441 –477.

[103] Balkin D B, Markman G D, Gomezmejia L R. Is Ceo Pay In High – Technology Firms Related to Innovation? [J]. Academy of Management Journal, 2000, 43 (6): 1118 –1129.

[104] Balsam S, Miharjo S. The effect of equity compensation on voluntary executive turnover [J]. Journal of Accounting and Economics, 2007, 43 (1): 95 –119.

[105] Bauer F, Matzler K. Antecedents of M&A Success: The Role of Strategic Complementarity, Cultural Fit, and Degree and Speed of Integration [J]. Strategic Management Journal, 2014, 35 (2): 269 –291.

[106] Bebchuk L A. Why firms adopt antitakeover arrangements [J]. University of Pennsylvania Law Review, 2003, 152 (2): 713 –753.

[107] Becker R H, Speltz L M. Putting the S – curve concept to work [J]. Research Management, 1983, 26 (5): 31 –33.

[108] Belloc F. Corporate Governance and Innovation: A Survey [J]. Journal of Economic Surveys, 2012, 26 (5): 835 –864.

[109] Bens D A, Nagar V, Wong M H F. Real Investment Implications of Employee Stock Option Exercises [J]. Journal of Accounting Research, 2002, 40 (2): 395 –406.

[110] Benson B W, Park J C, Davidson Iii W N. Equity – Based Incen-

tives, Risk Aversion, and Merger – Related Risk – Taking Behavior [J]. Financial Review, 2014, 49 (1): 117 – 148.

[111] Berchicci L. Towards an open R&D system: Internal R&D investment, external knowledge acquisition and innovative performance [J]. Research policy, 2013, 42 (1): 117 – 127.

[112] Biggerstaff L, Blank B, Goldie B. Do incentives work? Option-based compensation and corporate innovation [J]. Journal of Corporate Finance, 2019, 58: 415 – 430.

[113] Bodolica V, Spraggon M. The implementation of special attributes of CEO compensation contracts around M&A transactions [J]. Strategic management journal, 2009, 30 (9): 985 – 1011.

[114] Bova F, Kolev K, Thomas J K, et al. Non-executive employee ownership and corporate risk [J]. The Accounting Review, 2014, 90 (1): 115 – 145.

[115] Brisley N. Executive stock options: Early exercise provisions and risk – taking incentives [J]. The Journal of Finance, 2006, 61 (5): 2487 – 2509.

[116] Bulan L, Sanyal P. Incentivizing managers to build innovative firms [J]. Annals of Finance, 2011, 7 (2): 267 – 283.

[117] Carter M E, Lynch L J, Zechman S L. Changes in bonus contracts in the post – Sarbanes – Oxley era [J]. Review of Accounting Studies, 2009, 14 (4): 480 – 506.

[118] Cassiman B, Veugelers R. In search of complementarity in innovation strategy: Internal R&D and external knowledge acquisition [J]. Management Science, 2006, 52 (1): 68 – 82.

[119] Chang X, Fu K, Low A, et al. Non-executive employee stock options and corporate innovation [J]. Journal of Financial Economics, 2015, 115 (1): 168 – 188.

[120] Chemmanur T J, Loutskina E, Tian X. Corporate Venture Capital,

Value Creation, and Innovation [J]. Review of Financial Studies, 2014, 27 (8): 2434 – 2473.

[121] Chen G, Crossland C, Huang S. Female board representation and corporate acquisition intensity [J]. Strategic management journal, 2016, 37 (2): 303 – 313.

[122] Chen L – Y, Chen Y – F, Yang S – Y, et al. Managerial incentives and R&D investments: The moderating effect of the directors' and officers' liability insurance [J]. The North American Journal of Economics and Finance 2017, 39: 210 – 222.

[123] Chen V Z, Li J, Shapiro D M. Are OECD – prescribed "good corporate governance practices" really good in an emerging economy? [J]. Asia Pacific Journal of Management, 2011, 28 (1): 115 – 138.

[124] Chen V Z, Li J, Shapiro D M, et al. Ownership structure and innovation: An emerging market perspective [J]. Asia Pacific Journal of Management, 2014, 31 (1): 1 – 24.

[125] Cheng S. R&D expenditures and CEO compensation [J]. The Accounting Review, 2004, 79 (2): 305 – 328.

[126] Chesbrough H. The logic of open innovation: Managing intellectual property [J]. California Management Review, 2003: 33 – 58.

[127] Chesbrough H, Crowther A K. Beyond high tech: Early adopters of open innovation in other industries [J]. R&D Management, 2006, 36 (3): 229 – 236.

[128] Chin C – L, Chen Y – J, Kleinman G, et al. Corporate ownership structure and innovation: Evidence from Taiwan's electronics industry [J]. Journal of Accounting, Auditing & Finance, 2009, 24 (1): 145 – 175.

[129] Core J E, Guay W R. Stock option plans for non-executive employees [J]. Journal of Financial Economics, 2001, 61 (2): 253 – 287.

[130] Croci E, Petmezas D. Do risk-taking incentives induce CEOs to invest? Evidence from acquisitions [J]. Journal of Corporate Finance, 2015,

32: 1 – 23.

[131] Crossan M M, Apaydin M. A multi – dimensional framework of organizational innovation: A systematic review of the literature [J]. Journal of Management Studies, 2010, 47 (6): 1154 – 1191.

[132] Cummins J D, Xie X Y. Mergers and acquisitions in the US property-liability insurance industry: Productivity and efficiency effects [J]. Journal of Banking & Finance, 2008, 32 (1): 30 – 55.

[133] Davis L E, North D C, Smorodin C. Institutional change and American economic growth [M]. CUP Archive, 1971.

[134] Denicolai S, Ramirez M, Tidd J. Overcoming the false dichotomy between internal R&D and external knowledge acquisition: Absorptive capacity dynamics over time [J]. Technological Forecasting and Social Change, 2016, 104: 57 – 65.

[135] Dezi L, Battisti E, Ferraris A, et al. The link between mergers and acquisitions and innovation: A systematic literature review [J]. Management Research Review, 2018, 41 (6): 716 – 752.

[136] Dittmann I, Maug E. Lower salaries and no options? On the optimal structure of executive pay [J]. The Journal of Finance, 2007, 62 (1): 303 – 343.

[137] Dittmar A, Mahrt – Smith J. Corporate governance and the value of cash holdings [J]. Journal of Financial Economics, 2007, 83 (3): 599 – 634.

[138] Dittrich K, Duysters G. Networking as a means to strategy change: The case of open innovation in mobile telephony [J]. Journal of Product Innovation Management, 2007, 24 (6): 510 – 521.

[139] Doloreux D. Use of internal and external sources of knowledge and innovation in the Canadian wine industry [J]. Canadian Journal of Administrative Sciences/Revue Canadienne Des Sciences De l'administration, 2015, 32 (2): 102 – 112.

[140] Dong J, Gou Y N. Corporate governance structure, managerial discretion, and the R&D investment in China [J]. International Review of Economics & Finance, 2010, 19 (2): 180 - 188.

[141] Driver C, Guedes M J C. R&D and CEO departure date: Do financial incentives make CEOs more opportunistic? [J]. Industrial and Corporate Change, 2017, 26 (5): 801 - 820.

[142] Drucker P F. The post-capitalist world [J]. Public Interest, 1992 (109): 89.

[143] Edmans A, Gabaix X. A Primer on Tractable Incentive Contracts [J]. Available at SSRN 1871218, 2011.

[144] Elenkov D S, Judge W, Wright P. Strategic leadership and executive innovation influence: An international multi - cluster comparative study [J]. Strategic Management Journal, 2005, 26 (7): 665 - 682.

[145] Ellis K M, Reus T H, Lamont B T, et al. Transfer Effects in Large Acquisitions: How Size - Specific Experience Matters [J]. Academy of Management Journal, 2011, 54 (6): 1261 - 1276.

[146] Faccio M, Lang L H, Young L. Dividends and expropriation [J]. American Economic Review, 2001, 91 (1): 54 - 78.

[147] Fama E F, Jensen M C. Agency Problems and Residual Claims [J]. The Journal of Law and Economics, 1983, 26 (2): 327 - 349.

[148] Fang H Y, Nofsinger J R, Quan J. The effects of employee stock option plans on operating performance in Chinese firms [J]. Journal of Banking & Finance, 2015, 54: 141 - 159.

[149] Fernández - Mesa A, Alegre - Vidal J, Chiva - Gómez R. Orientación emprendedora, capacidad de aprendizaje organizativo y desempeño innovador [J]. Journal of technology management, 2012, 7 (2): 157 - 170.

[150] Fey C F. External sources of knowledge, governance mode, and R&D performance [J]. Journal of Management, 2005, 31 (4): 597 - 621.

[151] Francis J R, Khurana I K, Martin X, et al. The Relative Impor-

tance of Firm Incentives versus Country Factors in the Demand for Assurance Services by Private Entities [J]. Contemporary Accounting Research, 2011, 28 (2): 487 –516.

[152] Gopalan R, Udell G F, Yerramilli V. Why do firms form new banking relationships? [J]. Journal of Financial and Quantitative Analysis, 2011, 46 (5): 1335 –1365.

[153] Grigoriou K, Rothaermel F T. Organizing for knowledge generation: Internal knowledge networks and the contingent effect of external knowledge sourcing [J]. Strategic Management Journal, 2017, 38 (2): 395 –414.

[154] Griliches Z. Issues in assessing the contribution of research and development to productivity growth [J]. Bell Journal of Economics, 1979, 10 (1): 92 –116.

[155] Griliches Z, Lichtenberg F R. R&D and productivity growth at the industry level: Is there still a relationship? [M]. R&D, Patents, and Productivity, University of Chicago Press, 1984: 465 –502.

[156] Hagedoorn J, Cloodt M. Measuring innovative performance: is there an advantage in using multiple indicators? [J]. Research Policy, 2003, 32 (8): 1365 –1379.

[157] Hagendorff J, Vallascas F. CEO pay incentives and risk-taking: Evidence from bank acquisitions [J]. Journal of Corporate Finance, 2011, 17 (4): 1078 –1095.

[158] Han J, Jo G S, Kang J. Is high-quality knowledge always beneficial? Knowledge overlap and innovation performance in technological mergers and acquisitions [J]. Journal of Management & Organization, 2018, 24: 1 –21.

[159] Hansen B E. Threshold effects in non-dynamic panels: Estimation, testing, and inference [J]. Journal of Econometrics, 1999, 93 (2): 345 –368.

[160] Harford J, Li K. Decoupling CEO wealth and firm performance: The case of acquiring CEOs [J]. Journal of Finance, 2007, 62 (2): 917 –

949.

[161] Harrigan K R, Di Guardo M C, Cowgill B. Multiplicative-innovation synergies: tests in technological acquisitions [J]. The Journal of Technology Transfer, 2017, 42 (5): 1212 – 1233.

[162] He Z L, Wong P K. Exploration vs. exploitation: An empirical test of the ambidexterity hypothesis [J]. Organization science, 2004, 15 (4): 481 – 494.

[163] Hellmann T, Thiele V. Incentives and innovation: A multitasking approach [J]. American Economic Journal: Microeconomics, 2011, 3 (1): 78 – 128.

[164] Himmelberg C P, Hubbard R G, Palia D. Understanding the determinants of managerial ownership and the link between ownership and performance [J]. Journal of Financial Economics, 1999, 53 (3): 353 – 384.

[165] Hirth L, Ueckerdt F, Edenhofer O. Integration costs revisited – An economic framework for wind and solar variability [J]. Renewable Energy, 2015, 74: 925 – 939.

[166] Hitt M A, Hoskisson R E, Ireland R D, et al. Effects of acquisitions on R&D inputs and outputs [J]. Academy of Management Journal, 1991, 34 (3): 693 – 706.

[167] Holthausen R W, Larcker D F, Sloan R G. Business unit innovation and the structure of executive compensation [J]. Journal of Accounting and Economics, 2004, 19 (2 – 3): 279 – 313.

[168] Hoskisson R E, Chirico F, Zyung J, et al. Managerial risk taking: A multitheoretical review and future research agenda [J]. Journal of Management, 2017, 43 (1): 137 – 169.

[169] James A D. The strategic management of mergers and acquisitions in the pharmaceutical industry: Developing a resource-based perspective [J]. Technology Analysis & Strategic Management, 2002, 14 (3): 299 – 313.

[170] Jensen M C. The modern industrial revolution, exit, and the fail-

ure of internal control systems ［J］. The Journal of Finance, 1993, 48 (3):
831 – 880.

［171］ Jensen M C, Meckling W H. Theory of the Firm: Managerial Behavior, Agency Costs and Ownership Structure ［J］. Journal of Financial Economics, 1976, 3 (4): 305 – 360.

［172］ Jensen M C. Agency costs of free cash flow, corporate finance, and takeovers ［J］. The American Economic Review, 1986, 76 (2): 323 – 329.

［173］ Jugend D, Jabbour C J C, Scaliza J A A, et al. Relationships among open innovation, innovative performance, government support and firm size: Comparing Brazilian firms embracing different levels of radicalism in innovation ［J］. Technovation, 2018, 74 – 75: 54 – 65.

［174］ Kamien M I, Schwartz N L. On the degree of rivalry for maximum innovative activity ［J］. The Quarterly Journal of Economics, 1976, 90 (2): 245 – 260.

［175］ Kim H, Kim H, Lee P M. Ownership structure and the relationship between financial slack and R&D investments: Evidence from Korean firms ［J］. Organization Science, 2008, 19 (3): 404 – 418.

［176］ Kim K, Patro S, Pereira R. Option incentives, leverage, and risk-taking ［J］. Journal of Corporate Finance, 2017, 43: 1 – 18.

［177］ Kini O, Williams R. Tournament incentives, firm risk, and corporate policies ［J］. Journal of Financial Economics, 2012, 103 (2): 350 – 376.

［178］ Knopf J D, Nam J, Thornton J H. The Volatility and Price Sensitivities of Managerial Stock Option Portfolios and Corporate Hedging ［J］. The Journal of Finance, 2010, 57 (2): 801 – 813.

［179］ Kuo C I, Wu C H, Lin B W. Gaining from scientific knowledge: The role of knowledge accumulation and knowledge combination ［J］. R&D Management, 2019, 49 (2): 252 – 263.

[180] Laamanen T, Autio E. Dominant dynamic complementarities and technology-motivated acquisitions of new, technology-based firms [J]. International Journal of Technology Management, 1996, 12 (7 –8): 769 –786.

[181] Lahlou I, Navatte P. Director compensation incentives and acquisition performance [J]. International Review of Financial Analysis, 2017, 53: 1 –11.

[182] Latham S F, Braun M. Managerial Risk, Innovation, and Organizational Decline [J]. Journal of Management, 2009, 35 (2): 258 –281.

[183] Laursen K, Salter A. Open for innovation: The role of openness in explaining innovation performance among UK manufacturing firms [J]. Strategic Management Journal, 2006, 27 (2): 131 –150.

[184] Laux C, Laux V. Board Committees, CEO Compensation, and Earnings Management [J]. Accounting Review, 2009, 84 (3): 869 –891.

[185] Lazonick W. The US stock market and the governance of innovative enterprise [J]. Industrial and Corporate Change, 2007, 16 (6): 983 – 1035.

[186] Lee I H, Marvel M R. The moderating effects of home region orientation on R&D investment and international SME performance: Lessons from Korea [J]. European Management Journal, 2009, 27 (5): 316 –326.

[187] Lerner J, Wulf J. Innovation and incentives: Evidence from corporate R&D [J]. Review of Economics and Statistics, 2007, 89 (4): 634 – 644.

[188] Li Y, Guo H, Yi Y Q, et al. Ownership Concentration and Product Innovation in Chinese Firms: The Mediating Role of Learning Orientation [J]. Management and Organization Review, 2010, 6 (1): 77 –100.

[189] Lian Y, Su Z, Gu Y. Evaluating the effects of equity incentives using PSM: Evidence from China [J]. Frontiers of Business Research in China, 2011, 5 (2): 266 –290.

[190] Lin C, Lin P, Song F M, et al. Managerial incentives, CEO

characteristics and corporate innovation in China's private sector [J]. Journal of Comparative Economics, 2011, 39 (2): 176 – 190.

[191] Ling Y, Simsek Z, Lubatkin M H, et al. Transformational leader-ship's role in promoting corporate entrepreneurship: Examining the CEO – TMT interface [J]. Academy of Management journal, 2008, 51 (3): 557 – 576.

[192] Linton J D J T. De-babelizing the language of innovation [J]. Technovation, 2009, 29 (11): 729 – 737.

[193] Liu N C, Chen M Y, Wang M L. The Effects of Non – Expensed Employee Stock Bonus on Firm Performance: Evidence from T aiwanese High – Tech Firms [J]. British Journal of Industrial Relations, 2016, 54 (1): 30 – 54.

[194] Long R J, Fang T. Do employees profit from profit sharing? Evidence from Canadian panel data [J]. Industrial and Labor Relations Review, 2012, 65 (4): 899 – 927.

[195] Ma C, Liu Z. Effects of M&As on innovation performance: Empirical evidence from Chinese listed manufacturing enterprises [J]. Technology Analysis Strategic Management Journal, 2017, 29 (8): 960 – 972.

[196] Ma X, Xiao T. M&A and corporate innovation: A literature review; proceedings of the 2017 International Conference on Service Systems and Service Management, F, 2017 [C]. IEEE.

[197] Makri M, Lane P J, Gomez – Mejia L R. CEO incentives, innovation, and performance in technology-intensive firms: A reconciliation of outcome and behavior-based incentive schemes [J]. Strategic Management Journal, 2006, 27 (11): 1057 – 1080.

[198] Mansfield E. The Economics of Technological Change [M]. New York: Norton: New York: Norton, 1968.

[199] Mao C X, Zhang C. Managerial risk-taking incentive and firm innovation: Evidence from FAS 123R [J]. Journal of Financial and Quantitative Analysis, 2018, 53 (2): 867 – 898.

[200] March J G, Sutton R I. Crossroads—organizational performance as a dependent variable [J]. Organization science, 1997, 8 (6): 698 – 706.

[201] Matolcsy Z R, Wyatt A. The association between technological conditions and the market value of equity [J]. Accounting Review, 2008, 83 (2): 479 – 518.

[202] Meeus M T, Oerlemans L A. Firm behaviour and innovative performance: An empirical exploration of the selection-adaptation debate [J]. Research Policy, 2000, 29 (1): 41 – 58.

[203] Meier O, Schier G. Achieving radical innovation through symbiotic acquisition [J]. Organizational Dynamics, 2016, 1 (45): 11 – 17.

[204] Milgrom P, Roberts J. Predation, reputation, and entry deterrence [J]. Journal of Economic Theory, 1982, 27 (2): 280 – 312.

[205] Mitchell M L, Lehn K. Do bad bidders become good targets? [J]. Journal of Political Economy, 1990, 98 (2): 372 – 398.

[206] Moeller S B, Schlingemann F P, Stulz R M. Firm size and the gains from acquisitions [J]. Journal of Financial Economics, 2004, 73 (2): 201 – 228.

[207] Morck R, Shleifer A, Vishny R W. Do Managerial Objectives Drive Bad Acquisitions? [J]. The Journal of Finance, 1990, 45 (1): 31 – 48.

[208] Murphy K J. Chapter 4 – Executive Compensation: Where We Are, and How We Got There [J]. Social Science Electronic Publishing, 2012, 2 (6): 211 – 356.

[209] Narayanan M P. Managerial Incentives for Short-term Results [J]. The Journal of Finance, 1985, 40 (5): 1469 – 1484.

[210] Nguyen T. CEO Incentives and Corporate Innovation [J]. Financial Review, 2018, 53 (2): 255 – 300.

[211] Palia D, Porter R. The impact of capital requirements and managerial compensation on bank charter value [J]. Review of Quantitative Finance

and Accounting, 2004, 23 (3): 191 – 206.

[212] Pandit S, Wasley C E, Zach T. The effect of research and development (R&D) inputs and outputs on the relation between the uncertainty of future operating performance and R&D expenditures [J]. Journal of Accounting, Auditing & Finance, 2011, 26 (1): 121 – 144.

[213] Panousi V, Papanikolaou D. Investment, Idiosyncratic Risk, and Ownership [J]. Journal of Finance, 2012, 67 (3): 1113 – 1148.

[214] Peterson R S, Smith D B, Martorana P V, et al. The impact of chief executive officer personality on top management team dynamics: One mechanism by which leadership affects organizational performance [J]. Journal of Applied Psychology, 2003, 88 (5): 795 – 808.

[215] Prabhu J C, Chandy R K, Ellis M E. The impact of acquisitions on innovation: Poison pill, placebo, or tonic? [J]. Journal of Marketing, 2005, 69 (1): 114 – 130.

[216] Radicic D, Balavac M. In-house R&D, external R&D and cooperation breadth in Spanish manufacturing firms: Is there a synergistic effect on innovation outputs? [J]. Economics of Innovation and New Technology, 2019, 28 (6): 590 – 615.

[217] Raviv A, Sisli – Ciamarra E. Executive compensation, risk taking and the state of the economy [J]. Journal of Financial Stability, 2013, 9 (1): 55 – 68.

[218] Ren S C, Eisingerich A B, Tsai H T. How do marketing, research and development capabilities, and degree of internationalization synergistically affect the innovation performance of small and medium-sized enterprises (SMEs)? A panel data study of Chinese SMEs [J]. International Business Review, 2015, 24 (4): 642 – 651.

[219] Rhodes – Kropf M, Robinson D T. The market for mergers and the boundaries of the firm [J]. The Journal of Finance, 2008, 63 (3): 1169 – 1211.

［220］Ryan H E, Wiggins R A. The interactions between R&D investment decisions and compensation policy ［J］. Financial Management, 2002, 31 (1): 5 - 29.

［221］Sasidharan S, Lukose P J J, Komera S. Financing constraints and investments in R&D: Evidence from Indian manufacturing firms ［J］. Quarterly Review of Economics and Finance, 2015, 55: 28 - 39.

［222］Sauerwald S, Peng M W. Informal institutions, shareholder coalitions, and principal-principal conflicts ［J］. Asia Pacific Journal of Management, 2013, 30 (3): 853 - 870.

［223］Schmookler J. Invention and economic growth ［J］. Economic History Review, 1966, 20 (1): 135.

［224］Sefiani Y, Davies B J, Bown R, et al. Performance of SMEs in Tangier: The interface of networking and wasta ［J］. EuroMed Journal of Business, 2018.

［225］Smith Jr C W, Watts R L. The investment opportunity set and corporate financing, dividend, and compensation policies ［J］. Journal of Financial Economics, 1992, 32 (3): 263 - 292.

［226］Stock G N, Greis N P, Fischer W A. Absorptive capacity and new product development ［J］. The Journal of High Technology Management Research, 2001, 12 (1): 77 - 91.

［227］Tien C L, Chen C N. Myth or reality? Assessing the moderating role of CEO compensation on the momentum of innovation in R&D ［J］. International Journal of Human Resource Management, 2012, 23 (13): 2763 - 2784.

［228］Tsai K H, Wang J C. External technology acquisition and firm performance: A longitudinal study ［J］. Journal of Business Venturing, 2008, 23 (1): 91 - 112.

［229］Tsao S M, Lin C H, Chen V Y S. Family ownership as a moderator between R&D investments and CEO compensation ［J］. Journal of Business

Research, 2015, 68 (3): 599 – 606.

[230] Valentini G. Measuring the effect of M&A on patenting quantity and quality [J]. Strategic Management Journal, 2012, 33 (3): 336 – 346.

[231] Van Den Steen E. Organizational beliefs and managerial vision [J]. Journal of Law, Economics, and Organization, 2005, 21 (1): 256 – 283.

[232] Vega – Jurado J, Gutiérrez – Gracia A, Fernández – De – Lucio I, et al. The effect of external and internal factors on firms' product innovation [J]. Research Policy, 2008, 37 (4): 616 – 632.

[233] Vermeulen F, Barkema H. Learning through acquisitions [J]. Academy of Management Journal, 2001, 44 (3): 457 – 476.

[234] Wang C H, Lu I Y, Chen C B. Evaluating firm technological innovation capability under uncertainty [J]. Technovation, 2008, 28 (6): 349 – 363.

[235] Wang C L, Ahmed P K. The development and validation of the organisational innovativeness construct using confirmatory factor analysis [J]. European Journal of Innovation Management, 2004, 7 (4): 303 – 313.

[236] Wang M – L. Evaluating the Lagged Effects of Direct Employee Equity Incentives on Organizational Innovation [J]. Journal of Testing and Evaluation, 2014, 44 (1): 206 – 212.

[237] Wang Z, Wang Q, Zhao X, et al. Interactive effects of external knowledge sources and internal resources on the innovation capability of Chinese manufacturers [J]. Industrial Management & Data Systems, 2016, 116 (8): 1617 – 1635.

[238] West J, Gallagher S. Challenges of open innovation: The paradox of firm investment in open-source software [J]. R&D Management, 2006, 36 (3): 319 – 331.

[239] Williams M A, Rao R P. CEO stock options and equity risk incentives [J]. Journal of Business Finance & Accounting, 2006, 33 (1 – 2): 26 – 44.

［240］O'Brien D P. Markets and hierarchies: Analysis and antitrust impli-
cations ［J］. The Economic Journal, 1976, 86 (343): 619 - 621.

［241］Wu J, Tu R. CEO stock option pay and R&D spending: A behav-
ioral agency explanation ［J］. Journal of Business Research, 2007, 60 (5):
482 - 492.

［242］Wu S, Levitas E, Priem R L. CEO tenure and company invention
under differing levels of technological dynamism ［J］. Academy of Management
journal, 2005, 48 (5): 859 - 873.

［243］Wubben E F M, Batterink M, Omta O. Getting post - M&A inte-
gration mechanisms tuned in to technological relatedness and innovation synergy
realisation ［J］. Technology Analysis & Strategic Management, 2016, 28 (8):
992 - 1007.

［244］Xue Y. Make or buy new technology: The role of CEO compensa-
tion contract in a firm's route to innovation ［J］. Review of Accounting Studies,
2007, 12 (4): 659 - 690.

［245］Zattoni A, Minichilli A. The diffusion of equity incentive plans in
Italian listed companies: What is the trigger? ［J］. Corporate Governance: An
International Review, 2009, 17 (2): 224 - 237.

［246］Zhang J, Wu W - P. Leveraging internal resources and external
business networks for new product success: A dynamic capabilities perspective
［J］. Industrial Marketing Management, 2017, 61: 170 - 181.

［247］Zhang X M, Bartol K M. Linking Empowering Leadership and Em-
ployee Creativity: The Influence of Psychological Empowerment, Intrinsic Moti-
vation, and Creative Process Engagement ［J］. Academy of Management jour-
nal, 2010, 53 (1): 107 - 128.

［248］Zhao X, Lin D, Hao T. A new discussion on the relationship be-
tween M&A and innovation in an emerging market: The moderating effect of
post-acquisition R&D investment ［J］. Technology Analysis & Strategic Manage-
ment, 2019, 31 (12): 1447 - 1461.

后　记

　　"时无重至，华不再阳"，转眼间，我已经从天津大学博士毕业两年之久。此时惟有《离骚》中的"亦余心之所善兮，虽九死其犹未悔"能够表达我内心的激动和无限感慨。2014～2019年的五年里，我怀揣着对学术梦想的追求，有幸在向往已久的天津大学求学深造，2019年以后的两年岁月里，我将继承天大人砥砺前行的奋斗精神去迎接新的挑战。回首五年求学历程，有欢笑有泪水，有苦恼有烦闷，亦有柳暗花明后的兴奋与欣喜，记忆犹新，铭心刻骨。很多东西总是要在离别时方能触及它的精神与可贵，而我定将心怀感恩之心，用自己脚踏实地的努力，向这个培育了我五年之久的殿堂致敬。本书是基于我的博士毕业论文编纂而成，其凝聚了我五年的科研成果。在此，我要向为本书完成提供帮助和指导的各位前辈表达我最崇高的敬意。

　　"花堤蔼蔼，北运滔滔，巍巍学府北洋高"。感谢我的母校天津大学。天津大学作为百年学府，历史底蕴厚重，学术氛围浓厚，为我提供了得天独厚的学习和科研条件，令我受益匪浅。天大人求真务实的创新精神以及实事求是的学术品格，让我终身受益。

　　"鹤发银丝映日月，丹心热血沃新花"。感谢我的导师赵息教授。时至今日，依然清晰地记得第一次跟赵老师见面的场景，恍如昨日，记忆犹新。十分感谢恩师五年前不嫌我资质愚笨，给了我进入天大读博的机会，如此知遇之恩，学生永生难忘，能成为赵门子弟，亦是我此生极大的荣幸和骄傲。五年来，赵老师以严谨求实的治学态度和兢兢业业的工作作风让我深刻地领悟了"天下难事，必作于易；天下大事，必作于细"的人生道理。在学术上，从我第一篇学术论文的发表到博士毕业论文的完成，无不凝结着赵老师的心血。可以说，在论文的写作过程中，从研究方向的选择，到论文提纲的审定；从文章初稿的修改，到最终定稿的完成，都得到了赵老师的悉心指导和严格把关。在生活上，赵老师同样给了我事无巨细的关心、照顾和体谅，让我感受到了母亲般的温暖，也教会了我很多为人处世的道理。在此，谨向我的恩师赵息教授致以崇高的敬意和由衷的感谢。千言万语亦不能表达我对恩师的感激之情，只能深藏于心。在今后的工作和生活中，我将始终以赵老师为榜样，脚踏实地，不忘初心，砥砺前行。

"海内存知己，天涯若比邻"。感谢烟台大学经济管理学院的宋岩院长、李振杰院长、彭武良教授、任俊义教授、周竹梅老师、孙晓妍老师、马雪丽老师、夏建红老师、吕雯老师等各位前辈，作为新入职的"青椒"，正是你们的关怀和指导，让我快速进入角色，完成了从学生向教师的顺利转型，你们也是我今后学习和工作的榜样。最后，感谢烟台大学为本书出版提供的基金资助以及各项支持。

"谁言寸草心，报得三春晖"。感谢我的父母和家人，感谢你们一直以来对我在精神和物质上的无私付出，正是你们的理解和支持才使我能够毫无顾虑，全身心地投身到学习和科研中，你们是我走到现在最大的支柱和动力。

"淡看世事去如烟，铭记恩情存如血"。悼念已逝的天津大学管理与经济学部的汪波教授，知遇之恩当永生不忘。五年前，正是在您的引荐下，让我有幸加入赵老师团队，成为天大一员。如今我怀揣梦想，以一名高校教师的身份在此特地向远在天堂的您表达我的感恩之情。生者奋然，逝者安息，我将始终牢记您的指导，不忘初心，艰苦奋斗，用更加优异的成绩回报您的恩情，愿您在天堂安息！

林德林

2022 年 10 月于烟台大学文科馆 231